Hamed Abboud

Der Tod backt einen Geburtstagskuchen

Texte

Aus dem Arabischen übersetzt von Larissa Bender

Mit einem Nachwort von Stephan Milich

Der Tod backt einen Geburtstagskuchen

Ich möchte einen Panzer fahren

Wüsste ich, wie man einen Panzer fährt,
dann liehe ich mir einen, von Freunden oder von Feinden.
Alle haben einen Panzer – außer mir.
Ich würde dich einsteigen lassen, für einen Ausflug, der
sich ziemt für diesen Krieg, damit du – genau wie die Soldaten – das Leben durch die rechteckige Luke in der Tür
sehen würdest.
Vielleicht würdest du ihnen dann verzeihen, deine Lieblingskirche zerstört zu haben, kurz bevor du ihren Gott
verhöhntest.

Durch jene rechteckige Luke in der Tür sahen sie keinen
Gott über der Kirche, noch sahen sie Ihn im Beichtstuhl
hinter der mit Sünden und Wein verzierten Wand.
Doch sie hörten von Ihm, wann immer jemand Seinen
Namen rief: «…»

Sie zwangen Ihn in die Herzen, und Er kam mit Gewalt
wieder heraus.

Ich würde dich abholen, um mit dir gemeinsam über das
Minarett zu klettern, das auf der Straße liegt.

Ein Wunder hätten wir dadurch nicht vollbracht ...[1]
Über das Minarett, das wie ein Indianer sein Ohr auf den
Asphalt legte, um auf die Schritte jener zu lauschen, die
herkommen, von weit her, und jener, die flüchten, weit fort.

Wüsste ich, wie man einen Panzer fährt, so würden meine Geschwister um den Beifahrersitz neben mir streiten.
Ich weiß, dass auch Panzer kein Dach mehr haben werden, so wie unsere Heimat kein Dach mehr hat ...
Wir entblößten das Haupt und die Brust und warteten auf
das Echo der heftigen Gebete.

Wie jeder, der besessen ist von Geltungsdrang und Sau-
berkeit, würde ich das Eisen meines Panzers glänzen
lassen – auch wenn er nur geliehen wäre.
Ich würde auch das Glas der rechteckigen Luke putzen,
für eine bessere Sicht und einen saubereren Krieg und für
Märtyrer, die mit all ihren Muttermalen und ihrer echten
Hautfarbe starben.
Ich möchte nicht, dass ein Hellhäutiger getötet wird, nur
weil er, nachdem ich den Panzer zurückgab, durch die
Scheibe dunkler wirkt, als er ist.
Wir alle wollen, dass das Töten lauter und rein ist, mit
drei Dimensionen und Absichten.

1 Anspielung auf den Propheten Mohammed, der nach seinem Tod
über ein Minarett hinweg in den Himmel gefahren sein soll. (A.d.Ü.)

Und wie jeder Besessene würde ich auch das Leichen-
tuch durch das Panzerrohr hin- und herziehen, wie ein
geschickter Schuhputzer.
Einem rastlosen Krieg gebühren doch funktionierende
Panzerrohre, ohne Lehm und Vogelnester und ohne wei-
ße Tauben darauf, die beim Zielen stören.
Die Menschen sollen nicht sagen: «Seht mal, er hat uns
durch seinen verrosteten Panzer unseren Krieg verdor-
ben.»

Ein Freund von mir aus dem Dorf stahl einmal einen Pan-
zer und fuhr mit ihm zum Euphrat.
Der Panzer entblößte sich, vollzog im Fluss die rituelle
Waschung und ließ die Hängebrücke einstürzen ...
Es hieß, es hätte Streit und verschiedene Meinungen ge-
geben.
Die Brücke habe den Panzer von oben im Zustand einer
skandalösen Erektion wahrgenommen.
Der Panzer habe die Brücke als fliegenden Bürgersteig
gesehen.
Durch die enge rechteckige Luke schien es eine Provo-
kation, dass die eisernen Tragseile nicht sichtbar waren.
Der Panzer zog den Revolver zuerst ...

Ich war nicht mutig genug.
Ich begnügte mich mit einem Tattoo auf meinem Panzer.
Ich schrieb:

«Mögest du mit mir zufrieden sein, Mutter!»[2]

Ich würde Feinden,
Freunden,
Passanten,
Müttern
und Kindern zuwinken,
nicht näherzukommen.
Denn mein Panzer habe «Migräne»,
und ich wisse nicht, wann der nächste Anfall komme.

Könnte ich einen Panzer fahren,
würde ich dein Zimmer vom zweiten Stockwerk zum drit-
ten hochrutschen lassen, ohne nachzuhelfen.
Ich würde in jenem Moment daneben zielen und das Minarett treffen.
Das ist der einzige Grund, warum das Minarett einstürz-
te ..., verdient es die Granate doch schließlich eher als
dein Fenster.
Haben wir nach all diesem Morden nicht gelernt, dass die
rechte Wange der Religion einen Schlag eher erträgt als
die Wange des Herzens?

Sie aber zielten auf deinen Schal, um ihn zu morden. Die

---

2 Diesen Satz lassen sich in Syrien viele junge Soldaten und körper-
lich hart arbeitende Männer auf den Oberarm tätowieren. (A.d.Ü.)

Perversen sahen morgens gerne deinen Hals am Check-point, wenn du das Handy zwischen Ohr und Schulter klemmst.

Sei unbesorgt, ich werde ihn ausleihen. Und seine Hupe wird dich nicht stören, wenn ich vor deinem Haus darauf warte, dass du herunterkommst.

Ich werde einhundertsiebenundvierzig Granaten abfeuern, bis du dich fertig geschminkt hast.

Ich werde vor deinem Haus stehen, und die Leute aus dem Viertel werden flüstern: «Seht her, sie hat sich mit den Mächtigen angefreundet.»

Und obwohl mein Herz schwach ist und mein Panzer «made in Russia», würde ich dich von ganzem Herzen lieben, während ich im Herzen meines Panzers bin.

Auf dem Weg zu dir sah ich einen kurzen gelben Panzer, verziert mit schwarzen Flecken.

Ich wurde eifersüchtig und vermisste dich noch mehr.

Ich würde dich mit einer Granate begrüßen, jedes Mal wenn ich an dich dächte, immer ...

Du würdest lachen!

Du wärst die Einzige, die den Grund für diese sinnlose Schießerei kennte.

Ich habe den Menschen auch verboten, an dich zu denken, und die Mütter daran gehindert, um deine Hand anzuhalten.

Weißt du jetzt, warum du noch immer keinen Mann abbekommen hast?

Ich glaube noch immer, dass du für niemand anderen bestimmt bist als für mich.

Ich bin der eifersüchtige Mann mit dem geliehenen Panzer.

Ich sitze mit gesenktem Kopf in meinem Panzer,
und die Mündung des Panzerrohrs ragt über das Minarett.

«Was haben wir getan, oh Gott?»

«Wie konnten wir all diese grausigen Morde begehen?»

Wie schön wäre es, dich und die Teekanne abzuholen und mich an die Grenze zu setzen, um diese zu schützen und mit dem Rest aus dem Plastikbecher zu begießen.

Wie elegant wäre es, wenn die Brücke weiterhin flöge und die skandalöse Scham des Panzers bedeckt wäre.

Wie schön wäre es, wenn der Panzer eine Panne hätte, sein Lärm zum Schweigen gebracht wäre und wir unsere Mütter rufen hörten:

«Kommt, Kinder, es gibt Melone und weißen Käse zum Abendessen.»

An einem sonnigen Tag flog der Panzer zu Gott; er ebnete den Weg, dann asphaltierte er ihn, und wir alle gelangten auf einer sehr breiten Straße ins Paradies.

An einem sonnigen Tag flog meine Geliebte davon; mit den Schlüsseln meines Panzers winkte ich ihr.

Am Ende des Schlüsselbunds hing eine Zwiebel; ich hatte sie dort befestigt, damit die Trauer weint, wenn sie eines Tages kommt.

Damit ich mich daran erinnere, dass auch die Trauer schön sein kann.

Damit ich weine, wenn ich es brauche, und lächele und mir die Tränen trockne, weil jetzt alles wieder gut ist.

Das Telefonkabel war so lang, dass die Passanten in meiner Nähe darüber stolperten, während ich mit dir flirtete und dir einen Ausflug im Panzer versprach.

Und es war lang genug, um den Panzer daran anzubinden und ihn hinter mir herzuziehen, damit er nicht mehr zu seinen Besitzern zurückkehrt,

meinen Feinden, meinen Freunden ...

den Besitzern der Panzer,

den Granatensöhnen.

Domino und Candy Crush

Ich habe es ausprobiert und verstanden …

Der Genuss liegt nicht darin, die Dominosteine hintereinander aufzustellen, den letzten Stein anzustoßen und zu beobachten, wie die Steine, einer nach dem anderen, bis zum letzten aufeinander fallen. Der Genuss liegt in der Planlosigkeit der Bewegung; in der Vorstellung, dass eine einzige Bewegung die größtmögliche Anzahl Steine zu Fall bringt, und zu verfolgen, wie sie systematisch zum Loch der Zerstörung geschleift werden.

Das Flugzeug, das über dem *Al Faid*-Viertel in Aleppo schwebte, suchte nach dem idealen Ort, um die Fassbombe abzuwerfen. Sich den Bart kratzend, fragte sich der Pilot: «Wo mag das Haus sein, das die Scharniere des ganzen Viertels auseinanderbrechen lässt?»

Bereits zum vierten Mal kreiste er über dem Ort, und du glaubtest, er berate sich mit seinem Gewissen. Aber da lagst du falsch, denn wäre es darum gegangen, hätte er den Ort nicht mehr als einmal überflogen.

Der Scharfschütze, der sich im Taubenkäfig versteckte, war auf der Suche nach einer Kugel, die vier Menschen auf einmal niederstrecken könnte, sodass er ihre Familien aus Trauer und ihre Freunde vor Entsetzen töten würde. Waisenkinder werden von den Scharfschützen

14

nicht gejagt, denn sie haben keine Familien, die sie be-
weinen würden. Auf die eine oder andere Art kannte der
Scharfschütze die Opfer, und er spürte die Küsse von
Freunden und Angehörigen auf ihren Gesichtern und auf
ihrem Lächeln.

Die Waisenkinder nimmt der Tod nicht immer zu sich.
Er besucht sie, deckt sie zu und geht wieder, nachdem er
das Fenster geschlossen hat, damit sie sich nicht erkälten.

Der Führer jedoch, der sich das «Recht auf eine Antwort»[3]
vorbehielt, dachte über den richtigen Zeitpunkt seiner
Antwort nach; einer Antwort, die alle planlos und systematisch vor Lachen umfallen ließe. Sonst hätte er sich
dieses Recht nicht so lange vorbehalten, denn bestimmt
glaubte er, dass es für irgendetwas nützlich sei, irgend-
eines Tages.

Das «Recht auf eine Antwort» öffnet weder Konservendo-
sen, noch kannst du es als Schlüsselanhänger benutzen.
Aber die *Hafez*-Familie, die, wie ihr Name schon sagt,
sich das Recht auf eine Entgegnung *vorbehält*,[4] hat bestimmt versucht, alles Mögliche damit anzufangen. Und
als sie nichts zustande brachte, begnügte sie sich mit der
einzigen Funktion dieses Rechts, welches da wäre, alle
Opfer auf einmal vor Lachen auf den Hinterkopf kippen

3 Diplomatische Ausdrucksweise für «das Recht auf Vergeltung».
(A.d.Ü.)
4 Anspielung auf die Präsidentenfamilie, die mit Nachnamen Hafez
(behalten, bewahren) heißt. (A.d.Ü.)

zu lassen. Eine hübsche und auf jeden Fall dramatische Bewegung.

Die planlose systematische Zerstörung ist raffinierter als die Zerstörung in Abfolgen und Ordnungen, bei der *Del* auf *Ctrl+A* folgt. Dies wäre ein allzu simples Vorgehen und für den Täter beschämend. Der Inbegriff der Raffinesse ist die Suche nach dem File, das das ganze System zerstört.

Und vor all dem stehst du; du, der du glaubst, die Zerstörung sei planlos. Du schaust nicht auf das große Ganze, denn dann würdest du sehen, dass es zwar eine planlose, aber systematische Zerstörung ist. Dir ist nicht bewusst, dass das tatsächliche Spiel in jener einen Bewegung verborgen liegt, die einen ganzen Strudel von Stürzen und Zusammenbrüchen verursacht.

Stell dir einmal zusammen mit mir vor, planlos, aber systematisch:

Eine Kugel dort verursacht eine Leiche in irgendeinem Keller hier; dann werden durch einen Angriff auf die Behörde für Migration und Passwesen in einer ersten Stadt die Ausweise aller Leute verbrannt; dann bricht eine zusammengestürzte Brücke in einer zweiten Stadt allen Leuten das Rückgrat. Niemand überquert den Fluss ohne Ausweis, und sicher wird jemand auf der anderen Seite eine Herzattacke erleiden, und weil keine Brücke mehr da ist, kann niemand zu ihm gelangen. Und sehr weit entfernt wird ein Kind in einem Lager geboren, ohne Ausweis oder Brücke oder das «Recht auf eine Antwort», weil das eine alte Gewohnheit geworden ist. Das ganz große Bild besteht jetzt aus einer befreiten Stadt hier und aus schwarzen Fahnen dort, die russische Flugzeuge über dieses «hier» und «dort» anlocken sollen.

Am Ende der Assoziationskette schreit einer von ihnen: «Fünfundsechzig Prozent des Landes sind zerstört! Bravo!»

Wenn das Leben aus dem Ordnen von Dominosteinen und aus dem Kampf darum besteht, die Kette immer länger werden zu lassen, dann ist der Tod ein Candy Crush, der an irgendeinem Ort zuschlägt, sodass hinter ihm – ohne Alarm oder Vorwarnung – tausendundein Ort umgestürzt werden.

Eine der Assoziationen, die präzise berechnet werden und die ich nicht beachtet habe, als ich dem Krieg von Land zu Land entfloh, ist, dass ich den Krieg vor mir haben würde. Er war mir zuvorgekommen und hatte alle seine Verwundeten, Versehrten und um ihre Toten Trauernden vor mich gelegt, damit ich das Eisenstück sehe, das einem dieser Menschen in den Oberschenkel eingesetzt worden war. So kann ich das Gesicht unseres Mörders darin gespiegelt sehen, der auf einem kleinen Zettel notiert, welches Ausmaß an planloser systematischer Zerstörung er mit einer einzigen Bewegung verursacht hat.

Porträt unseres schönen Diktators

Ich empfand Reue, als ich diese Idee zwischen den Zähnen meines Gehirns wiederkäute. Und ich werde noch größere Reue verspüren, wenn ich sie aufschreibe und auf dem Display des kleinen *Black Berry* von 3x4 Zentimetern wachsen sehe. Reue ist die einzige Konsequenz, die dieses Leben wahr werden lässt.

Die Reue auf deinem Gesicht, das du wäschst, ohne dass sie verschwindet; die Reue, die in die Stimme deines Vaters kriecht, der dich fortschickte, damit du gerettet wirst, und den du seitdem nicht mehr gesehen hast; die Reue darüber, dass dein Lieblingsdiktator dich nicht mehr tötet, wie du es gewohnt warst; die Reue, die einen Kämpfer zum Weinen bringt, der allein auf dem Schlachtfeld zurückblieb; und die Reue, die auf dem Fernsehbildschirm hockt, weil das Morden zu einer Seifenoper wurde und der Moderator nicht mehr wusste, bei welcher Nachrichtensendung er den Faden dieses Krieges verlor, und so tobte der Krieg und lärmte das Leben.

Und auf dem Gipfel dieses Reuebergs steht der schöne Diktator und winkt uns zu, während wir das Land verlassen, um im Ausland zu studieren, um uns zu öffnen und die Kulturen anderer Völker kennenzulernen.

Er ist bestimmt sehr stolz auf uns. Ich stelle mir vor, wie sein treuer Lakai früh am Morgen an seine Tür klopft und ihn aus dem Schlaf weckt, der von der Zukunft des Volkes besetzt ist, um ihm die Meldung über die syrische Studentin zu überbringen, die besser abschnitt als ihre französischen Kommilitonen.

Das ist der Plan. Jahrelang haben sie uns besetzt, und nun zahlen wir es ihnen doppelt zurück: Wir schicken ihnen unsere Kinder als Flüchtlinge, damit sie besser werden als ihre Kinder, und demütigen sie mit deren Fleiß und Klugheit.

Unter uns, und abseits der ungerechten Kameras der Medien – oder der «unerfahrenen» –, müssen wir uns bei dir für die Beleidigung entschuldigen, die wir dir kürzlich an den Kopf warfen. Du weißt, dass es Teil des Plans ist!

Kürzlich beging ein junger Mann in Schweden vor Freude Selbstmord. Er hatte, nachdem sein Haus zerstört worden war, sein Grundstück verkauft, um ins Paradies zu kommen. Als er ankam, freute er sich und wollte deinen Namen mit seinem Blut und seiner Seele schreiben. Aber er begnügte sich mit seinem Blut. Dessen Anblick auf dem Schnee war sehr schön, und auch der Anblick der Seele am Himmelszelt war äußerst hübsch anzusehen. Er hatte sich die Pulsader durchgeschnitten und mit ihrem Inhalt das Wort «Danke» geschrieben. Das Wort war sehr groß ... Hat dich dein treuer Türsteher mit dieser Meldung geweckt?

Ich habe gehört, dass du die Nachrichten nicht verfolgst.

Besitzt du ein originales Ladegerät für dein Mobiltelefon?

Letzte Nacht träumte ich, dass eine großartige Nachricht auf dem Weg zu dir war, doch dein Akku war leer. Ich werde dir ein originales Ladegerät von hier schicken, dann kannst du wenigstens sehen, wenn deine Kinder, auf die du so stolz bist, im Fernsehen auftreten.

Warum hast du mich ins Ausland geschickt? Ich kann hier nicht seelenruhig schlummern, wie ich es in Syrien tat. Mein Nachbar, der Bürgermeister dieser verfluchten europäischen Stadt, lässt mich nicht schlafen. Er ist so sehr um mein Wohlbefinden besorgt, dass er mir die Ruhe raubt. Was ist das nur für ein Leben?

Hier geben sie dir alle möglichen komischen Namen. Und ich muss mich wirklich wundern ..., sie schätzen nicht, was du tust, und wissen nicht, dass du auf die Klagen der Menschen über das Unbehagen im Land und die schlechte Planung reagiert und zu ihnen gesagt hast: «Geht und verbringt euren Urlaub im Ausland, währenddessen ich das Land einmal ausschüttele und wieder aufbaue.»

Und auch unter uns: Ich verstehe nicht, wie sie denken. Sie haben über Jahrhunderte den gleichen Baustil bewahrt!

Vielleicht sind sie neidisch auf uns, denn wir haben mehr als nur einen Baustil ausprobiert, aber keiner hat uns gefallen. Und nun versuchen wir es mit dem modernen russischen, und wenn der uns ebenfalls nicht gefällt, werden wir auch ihn wieder ändern. Wo ist das Problem?

Ja, bis jetzt geht der Plan auf. Aber ich muss dich auch ein wenig tadeln: Warum hast du die Methode, uns zu töten, geändert? Das ist doch eine Familienangelegenheit! Du hättest die Russen nicht zwischen uns treten lassen sollen. Gewiss, es sind weit entfernte Verwandte, aber Blut bleibt doch Blut!

Auf jeden Fall möchte ich sagen, dass das Ausland ohne dich nicht schön ist.

Die verschiedenen Varianten des Todes

«Stirb keinen normalen Tod in einem anormalen Krieg!»

Meine an einem leichten Schnupfen erkrankte Freundin erzählt mir, es gebe verschiedene Varianten des Todes; er sei nicht immer gleich und auch die Toten seien nicht immer gleich.

Und mein Freund fragt: «Wie willst du vor deinen Gott treten, wenn du zum Beispiel an der Schweinegrippe gestorben bist?»

Ein anderes armes Mädchen – nicht meine Freundin – entkam aus einem unerfindlichen Grund den Granaten im Krieg, um dann auf einer Bananenschale auszurutschen und zu sterben – möge Gott sich ihrer erbarmen. Ihrer Familie war es peinlich; sie schämte sich, den Nachbarn zu erzählen, wie ihre Tochter gestorben war. Also begnügte sie sich damit, das Mädchen einfach zu beerdigen und die Eröffnungssure des Korans zu lesen.

In einem anormalen Krieg wird es nicht gern gesehen, dass man stirbt, wie man will. Man muss wissen, dass es Regeln und bestimmte Auswahlmöglichkeiten gibt. Durch die Kugel eines Scharfschützen zu sterben, ist top. Und wenn du kannst, dann stirb zu einem selbst gewählten Zeitpunkt durch eine Granate. Oder zu einem vollkommen überraschenden Zeitpunkt, wie am Geburtstag, den du angeblich jedes Mal vergisst, nur um dann den Ausdruck des Erstaunens über die Party auf dein Gesicht zu zeichnen, die die Freunde für dich organisierten.

Stirb auch nicht allein in einem anormalen Krieg. Nimm jemanden mit, der dir die Einsamkeit vertreibt und das Grab mit dir teilt. Ich kenne einen Vater, der große Angst um seine Kinder hatte, und als er starb, nahm er die ganze Familie mit. So sieht moderne Erziehung aus und der moderne Tod. Die «Quality» des Gegensatzpaares «Leben und Tod» soll damit in elitärer Form und auf hohem Niveau verwirklicht werden.

Begehe auch keinen Selbstmord, denn das ist veraltet. Fahre stattdessen von Deir ez-Zor nach Aleppo. Wie willst du deinem Gott gegenübertreten, wenn du satt an einem Herzinfarkt infolge erhöhter Triglyceridwerte in der Aorta stirbst? Das ist wirklich ein äußerst kompliziertes Leben, und ein bürokratischer Tod.

Wandere um eines besseren Lebens willen nicht aus, sondern um eines besseren Todes willen. Du musst deinen passenden Tod im geeigneten Augenblick ergattern. In einer Zeit, in der alle durch Kugeln sterben, denke darüber nach, fortzugehen und zu ertrinken. Lass die Leute des Viertels über deinen Erfolg sprechen und lass deine Familie sich deiner rühmen, genauso wie deines Todes und der Erinnerung an dich.

Stirb sauber und steril durch das Salz des Meeres statt durch Chemiewaffen.

Stirb vor Kälte in einem Kühlwagen auf der Autobahn.

Stirb, indem du am Staub der bombardierten Wohnhäuser und Schulen erstickst.

Stirb durch giftige Pilze aus den mazedonischen Wäldern, und teile die Frühstückspilze mit deinen Freunden.

Stirb, während du versuchst, ein Kind vor dem Verdursten zu retten, das seit sechs Monaten keine Milch mehr getrunken hat.

Stirb, weil du den Ausweis vergessen oder weil du die Bescheinigung über den Aufschub des Militärdienstes zu langsam vorgezeigt hast.

Aber stirb bloß nicht wegen eines läppischen vorübergehenden Schnupfens.

Der Tod ist absolut nicht immer gleich, denn wer beim Grenzübertritt in die Türkei stirbt, ist nicht wie jemand, der stirbt, wenn er die Grenze zurück nach Syrien überquert. Das ist über jeden Zweifel erhaben.

Und ganz sicher ist jemand, der stirbt, nicht wie einer, der den Tod tausendmal gesehen hat, ohne von ihm geholt zu werden, und der sich damit begnügt, über ihn zu schreiben. Gleichsam als wollte er sagen: «Weder ist der Tod immer gleich, noch sind es die Toten.»

Ich, das alte Mädchen Massengrab

Ich habe eine Aussicht auf eine schöne Vergangenheit und ein Eisentor mit einem goldfarbenen chinesischen Schloss der Marke «Drei Ringe». Ich habe Kinder, die das Nacht-und-Tag-Spiel liebten, und ältere Leute unterschiedlichen Alters, von denen manche nachts schnarchen. Ich rüttele dann an den Grabsteinen über ihren Köpfen. Bei anderen erneuere ich in ihrem Gebissglas das Wasser.
Auf meinem Gesicht wächst Gras, das an den Flaum ihrer jungen Liebe erinnert, und links von mir steht eine grüne Blume.

Ich denke an den ersten Mann, der an mir vorbeiging, ängstlich, verunsichert, und sich umblickte, als würde er gleich einer Prostituierten die Hand geben. Ich stellte mir vor – als ich die Männer noch nicht so gut kannte –, dass er das Schloss aufbrechen und meine Erde, mein Gold und meine hölzernen Zöpfe[5] rauben würde.
Ich erinnere mich an den ersten Mann, der immer vorbeikam, wenn eine neue Besuchergruppe eintraf. Den ersten Mann vergisst man nicht.

5 Gemeint sind die Wurzeln, die für Zöpfe stehen. Einem Mädchen, dem die Zöpfe geraubt/geöffnet werden, wird die Unschuld geraubt. (A.d.Ü.)

25

Alpträume überfallen mich, und einmal träumte mir, die Grabsteine seien fortgeflogen. Wie eine Verrückte lief ich hin und wühlte in den Gräbern, um zu prüfen, wer wo liegt. Ich grub alle Gräber um und ordnete sie, von klein bis zu groß, wieder neu, die Männer mit einer Jasminblüte, die Frauen mit einer Nelke. Doch bei den Kindern genügte die bloße Anwesenheit, damit sich die Farbe der Erde in ein trauriges Braun verwandelte. So erkannte ich sie sogar, wenn ich weit weg von ihnen lag.

Einmal träumte mir, sie hätten nachts Metallkisten hergebracht. Ihr ungewöhnliches Schweigen machte mir Angst. Niemand hatte jemals eine Metallkiste hierhergebracht, die noch dazu versiegelt war! Damals kannte ich das Geheimnis noch nicht, doch ich wusste: Gewöhnliche Särge waren das nicht. Über lange Zeit erbrach ich gelben Sabber ..., meine Stirn wurde fahl.

Ich bin daran gewöhnt, die besten Männer zu den besten Zeiten zu empfangen, denn die gutherzigen Männer wissen im richtigen Augenblick zu sterben.
Ich bin auch daran gewöhnt, im Morgengrauen vom Klagen der Frauen zu erwachen, die ihre Ehemänner um Verzeihung bitten. Eine sagte, es sei ein Fehler gewesen, ihm zu offenbaren, dass sie ihn nicht liebe und zu ihren Eltern zurückkehren werde. Sie wischte den Staub ungezählter Gespräche von seinem kalten Grabstein, dann senkte sie

den Kopf und sagte: «Ich bereue.» Ihr Mann schien nicht einfach zufriedenzustellen zu sein.

Ich bin ein Massengrab und liebe den Vortrag des Koranrezitators Abdulrahman Ibn Abdulaziz Al-Sudais. Ich sehe das Leben durch das Schwarz der Frauen-Abajas und das Weiß der Männer-Galabijas, und ich spritze mir freitags gerne kaltes Wasser ins Gesicht. Doch oft wünsche ich mir nachts, mit dem Mond allein zu sein, ohne die anderen Bewohner, die beharrlich vor dem Schlafengehen die immer gleiche Frage stellen: «Warum haben die anderen die Fassbombe mit mir geteilt? Ich habe mir so sehr gewünscht, sie hätte nur meinen Namen allein getragen, als eine Art Auszahlung meines Altersguthabens beim Austritt aus dem Staatsdienst.»

Viele «Vielleichts» beim Suppe-Essen

Nach fünf Tagen Hunger und in Wasser eingeweichten Brotstückchen und vielen Baumblättern, die nicht von den Ästen gefallen sind, und nachdem wir uns daran gewöhnt haben, über den Ausspruch «Ein Organ, das nicht benutzt wird, schrumpft» zu lachen, entdeckten wir, dass es ein Organ gibt, das sich dieser amüsanten und gleichzeitig wahren Regel widersetzt.

Das Einzige, was durch Ruhe von selbst kräftiger wird, ist ein hungriger Zahn. Während du schläfst, schärft er seinen Hunger an der schneidenden Luft in deinem leeren Mund. Während des Tages lässt er seine Spitze durch deinen Hungerspeichel glänzen, der dich nicht sättigt, selbst wenn du ihn tausendmal schluckst.

Dein ungenutzter Magen schrumpft. Deine Hand, die du nicht benutzt, schrumpft. Dein Gehirn, das du nicht benutzt, schrumpft.

Es schrumpft, schrumpft ...

Einen Augenblick!

Ist der Zahn ein Organ?

Vielleicht ist er ein Organ, mit einem schwachen Willen, oder mit einem wachen Gewissen, oder mit Zügeln, die sich straffen, wenn es Essen gibt.

Du wirst das Geräusch der Flugzeuge hören, die die Fassbomben abwerfen, und dir dann wünschen, die zum Massenmord rufende Alarmsirene würde einen Soldaten überraschen, der in seiner Kaserne gerade Dattelmelasse isst. Und er würde einen Klecks Melasse auf den Deckel des Fasses tropfen lassen, wo er kleben bleibt, bis dir das Fass in den Schoß fällt.

Du würdest vor Lachen sterben ...

Vielleicht hingen am letzten Klecks auch letale Kalorien.

Du hast dich daran gewöhnt, Sesamkörner für die Vögel auf die Fensterbank zu streuen. An sonnigen Tagen ist der Anblick eines Vogels die Mühe wert, dass du wartest und die Hand aufs Herz legst, um das Pochen deiner Vorfreude zu unterdrücken.

An der gleichen Fensterbank, wie auch an den übrigen Fensterbänken der Wohnung, wartest du auf die Vögel: In der Hand hast du ein dünnes Seil, an dessen Ende ein Korb hängt. Du fängst den Vogel genau in dem Augenblick, in dem er seine Füße auf das Fensterbrett setzt, um zu fressen, und wenn du ihn gefangen hast, bevor er die Körner frisst, hast du die Chance, einen zweiten zu fangen.

Dein Herz schlägt jetzt nicht mehr so heftig, wahrscheinlich. Deshalb musst du deine Hand nicht mehr darauf legen, um das Pochen zu unterdrücken.

Am Ende des zehnten Tages auf der wüsten Erde wird

dein Zahn ein professioneller Mörder mit einem toten Gewissen und einem unbeschriebenen Gedächtnis sein.

Freunde, Geschwister und Nachbarn gesellen sich in der Wohnung zu dir, sie verteilen sich auf die Fenster, aber niemand weiß, wer professioneller jagt als der andere.

Weit entfernt von euch kracht ein Fass auf den Boden, und du denkst an den Bissen, der am Fass klebt. Aber die anderen neben dir denken an andere Dinge:
– Das Fass hat die Flügel der Vögel angesengt. Vielleicht sind sie jetzt leichter zu fangen – ohne ein einziges Sesamkorn.
– Ein Schrank flog durch das Loch in der Wohnung auf den Boden und liegt nun als Haufen trockenen Brennholzes da.
– Kupferdrähte bogen sich gehorsam unter dem schweren Fass; ein Kilo ist vielleicht soundso viel wert …
– Wie viele Leichen kann das Loch, das das Fass hinterließ, in der Länge und Breite oder übereinander aufnehmen?
Das sind verdorbene Gedanken, die möglicherweise an einem schrumpfenden, langsam verfaulenden Gehirn haften blieben.
Von einem Fenster her war ein Geräusch zu hören, als einer einen Vogel fing. Ihr macht daraus einen Topf Suppe, denn einen zähen Vogel kann man nicht auf mehr als zwei schrumpfende Mägen verteilen.

Jeder von euch erhält höchstens einen einzigen Teller.

Vielleicht aber erhält das Fass, das auf euch niedergeht, die Suppe.

Das Fass, das sich daran gewöhnt hat, das Knurren seines Verlangens zu unterdrücken – vor jeder Mahlzeit.

Alter Hunger ... und
so etwas Ähnliches wie Demokratie

Es beunruhigt dich nicht, die Tür hier offen zu lassen und barfuß hinauszugehen wie irgendein wilder, fürsorglich domestizierter Kater. Du schläfst auf einer dicken Geldbörse aus Erinnerungen an die Zeit des Herumstreunens und Herumlungerns, die ausreichen, um vor deinen Freunden bei einem flüchtigen Beisammensein zu prahlen, auch wenn die meisten Treffen dieser Tage auf Skype stattfinden.

Es stört dich, deine Adresse um den Hals hängen zu haben, aber die langweilige öffentliche Sicherheit verlangt das von dir. Also läufst du über weichen Ausgeteppich durch immer gleiche Flure zum harmlosen, gleichsam kastrierten Ausgang, gehst ziellos und ohne Angst davor, auf der Straße oder im Park übernachten zu müssen, solange du deine Erinnerungen in der Tasche hast und der Himmel klar ist.

Jedenfalls erwartest du nicht, dass die Situation der gewohnten Lage in deinem Land ähnelt. Und du erwartest nicht, dass du mit Grüßen überhäuft wirst, sodass sich deine Augenbrauen heben und deine Moral steigt, und manchmal auch dein Blutdruck. Du befindest dich in umfassender Sicherheit, so umfassend wie die Dunkelheit im Bauch des Walfischs in der Tiefe des Meeres.

Du pflegst dich, bewegst die Muskeln deines Gesichts – wie es von Zeit zu Zeit geraten wird – für dich. Aus Menschenfreundlichkeit dir selbst gegenüber gehst du aufs Klo, mit großem Murren, nachdem du überrascht festgestellt hast, dass gemäß den europäischen Werten das Abwassersystem dir die Teilnahme an der Produktion von Dünger vorenthält.

Was für ein Verlust! Und welch mangelndes Verständnis!

Es beunruhigt dich nicht, die Fenster offen zu lassen. Die Vögel wissen, dass du ihnen das Fressen aus Einsamkeit hinlegst und nicht aus Feinfühligkeit oder weil du unbedingt daran teilhaben möchtest, Proviant oder Almosen zu gewähren. Die Vögel wissen, dass du nicht zu den Hobbysammlern seltener Bilder gehörst. Vögel befreunden sich nicht mit den Einsamen hier, und sie werden ihrer Natur nicht zuwiderhandeln, um deine geordnete Einsamkeit zu stören. Bedauerlicherweise setzten die Vögel dich auch nicht über herannahendes Glück in Kenntnis, selbst bei schrecklichem Bauchgrimmen nicht[6].

Was für ein Unsinn! Und welch mangelndes Verständnis!

Die Dunkelheit einer langen Seitenstraße, deren Laternen über die unter ihnen entlanglaufenden Pechvögel vor Zorn erstrahlen, macht dir keine Angst; Laternen, die

6 Eine Anspielung darauf, dass ein Vogelschiss Glück bringt. (A.d.Ü.)

zornig sind, weil die Kinder des Viertels früh zu Bett gehen. Nichts und niemand mehr macht ihnen Angst, auch nicht der hier selten gewordene Stromausfall. Zu einem geöffneten Busbahnhof zu gehen, reizt dich nicht, weil du weißt, dass du dort keinen Wächter finden wirst, der Tee trinkt und sich an einem in einem Kanister entzündeten Feuer wärmt.

Exil bedeutet, dass da Glas ist zwischen dir und der Welt. Weder gelangst du zu ihr und packst sie an der Kehle, noch erwartet sie Geschenke von dir.

Du beschäftigst dich nicht mit dem Glas / den Checkpoints / der Stille. Was du durch sie hindurch siehst, ist eine Widerspiegelung deiner früheren Leben, deiner früheren Freunde, der Tür deines früheren Heims, vor der du deine Erschöpfung jeweils ablegtest und den Blicken deiner Mutter entzogst. Jeden Mittag kehrst du zurück, um dein Lieblingsessen zu essen, aber die Okraschoten sind klein hier, auch sie sind durch eine provisorische Aufenthaltsgenehmigung kastriert. Was also ist das Besondere daran?

Du bist ein Mann, der an große Okraschoten gewöhnt ist, die alle überraschen. Du bildest mit deinen Fingern ein Dreieck, um den Bissen zu einer Kugel zu formen und diese in den Mund zu schieben. Doch seitdem du domestiziert bist, rollst du den Bissen nicht mehr mit drei Fingern zu einer Kugel.

Dein Exil ist deine unermüdliche Suche in diesem Land

nach großen Okraschoten, auf die du schwörst und zu denen du Bekannte einlädst. Und nun begnügst du dich damit, von ihnen zu träumen.

Möge sich Gott dessen erbarmen, was gewesen ist. Immer wenn dich die Demokratie bedrückt, lädst du die Kalaschnikow mit einer Schote. Damit stellst du die Waage auf den Kopf und sorgst wieder für Gerechtigkeit. Seltsam, warum hat sich die Folklore nicht so sehr verändert, dass die grüne Schote Teil der traditionellen Kleidung wurde und du sie voller Stolz im Hüftgurt jedes Mannes stecken siehst, der mit seiner Ernte aus Deir ez-Zor prahlt. Doch die Fantasie gibt einem hier weder Brot noch große Okraschoten zu essen.

Was für schrumpelige Schoten sind das nur? Und welch mangelndes Verständnis?

Es beunruhigt dich nicht, die Tür «hier» offen zu lassen und barfuß wie irgendein wilder, fürsorglich domestizierter Kater hinauszugehen. Was dich wirklich beunruhigt, ist die Tatsache, dass die Demokratie der ganzen Welt diesen alten Hunger nicht stillen und die Freunde nicht zurückbringen wird, mit denen du dich regelmäßig zur Ausübung dieses äußerst gefahrvollen Sports getroffen hast: jene grünen Schoten bis zum Tot-Umfallen zu verschlingen.

So wie Maradona im Jahr 1986
einen Alleingang aufs Tor unternahm, unternahm der Tod einen Alleingang gegen uns

Meine Liebste ..., vor der Erschießung und danach,

niemand hat dir gesagt, dass du in einen Krieg geraten bist, dessen Tod noch nicht reif ist. Die Ereignisse stolzieren einher, sie kommen und gehen und lasten auf den Herzen. Dem Kaffee brauchst du nicht mehr beizubringen, was er zu tun hat, während dir vor dem Facebook-Fenster, wo ein Massaker schon das nächste ankündigt, die Wut aufkocht.

Jemand musste dich eines Nachts anrufen und dir sagen, ein neuer Scharfschütze habe auf dem hohen Rathausgebäude deiner Stadt Posten bezogen. Und er tötet damit deinen Traum von einem Reisepass, der vielleicht von einer Kugel durchlöchert wird oder am Checkpoint erzittert. Niemand hat dir gesagt, dass die Kälte nicht tötet und dass das Wasser, das sich im von der Katastrophe heimgesuchten Viertel nicht angemeldet hat, auch nicht tötet. Auch all diese gezähmte und im Posteingang verborgene Trauer tötet nicht. Was tötet, ist eine Distanz, der niemand in ihrer Kindheit sagte: «Benimm dich!», damit sie nicht frech wird. Also wurde sie frech, wurde zu einem Rowdy des Lebens, der von uns nimmt, was er will, während wir unsere Köpfe und Gefühle sinken lassen.

Das Land wurde weiblich – oder wird es bald sein. Die Männer starben auf der Türschwelle, als sie auf eine Nachricht von jenen warteten, die weggingen und nicht zurückkehrten. Die jungen Leute starben, als sie versuchten, über einen Kriegszaun zu springen, um zwei Falafel, eine Packung Zigaretten und eine Limonade zu kaufen. Auch die Kinder starben, denn Angst passt nicht zu Kindern. So habe ich es einmal in einem Buch über moderne Erziehung gelesen. Der Krieg kam in diesem Buch nicht vor ..., ganz bestimmt nicht!

Die Jugendlichen starben, als sie versuchten, mit großer Geschicklichkeit ein zusammengeknülltes Gedicht in ein geöffnetes Fenster, eine offene Handtasche oder die durch einen tiefen Atemzug entstandene Öffnung zwischen Busen und Baumwollbluse zu werfen. Die Männer, die im Krieg alterten, starben, weil einer – nicht Gott, sondern ein großer Staatsmann – das Leben zum Reservedienst verpflichtete. So spielte der Tod sein Spiel und unternahm einen Alleingang gegen uns, gleichsam wie Maradona im Jahr 1986 im Alleingang aufs Tor zulief.

Ich habe auch vergessen, dir zu sagen, dass die Männer, die sich verschworen hatten, das Regime zu stürzen, starben, als sie versuchten ..., ach, egal! Das Land, dem keine Männer mehr bleiben, die jemals die Schnauzbärte ihrer

Söhne berühren konnten, hat seine Männlichkeit verloren. Das Land, das sich um niemanden kümmert, sperrte mich ins Bad, damit ich eine Liste für ein Volk schreibe, das die Rechnung verlangen wird, wenn es vom Tisch aufsteht. Auch die Geschichte wird ein Exemplar verlangen. Deshalb muss einer diese Rechnung fertigstellen. Wärst du doch einfach in jener Nacht nicht ans Telefon gegangen. Dann hätte ich den Morgen mit dir verbracht und du wärst losgelaufen, um den Reisepass abzuholen, und ich hätte zu dir gesagt:

«Ich liebe dich – vor der Erschießung und danach.»

Meine Kinder, auf deren Mutter ich warte

Wir werden Kinder haben, meine Liebste und ich. Fremde werden sich um sie scharen und ihren Duft an sich reißen, bevor sie fortgehen und sich wieder ihrer Arbeit widmen; in der Metro wird eine junge Frau weinen, dann wird sie mit dem Ärmel ihrer Bluse die Schminke abwischen und lächeln, weil sie in ihrem Innern den Wunsch sich regen spürte, selbst Kinder zu gebären.
Kinder weinen, weil sie nicht wissen, wie sie die Worte «Ich liebe dich» sagen sollen. Wenn unsere Kinder weinen, lauschen wir deshalb, als hörten wir eine neue Melodie oder eine neue Sprache, die wir lernen wollten. Die Fremden indes beschäftigen sich mit den Gemälden und Familienfotos, die an den Wänden hängen.

Wir werden Kinder haben, die alle Sprachen der Welt sprechen, denn unsere Tante *Leben* ist kurzsichtig. Womöglich beachtet sie ihre Träume nicht und kümmert sich nicht um ihre rosafarbenen Bäckchen. Deshalb werden unsere Kinder unsere Tante *Leben* mit verführerischem Französisch, mit der Diplomatie des englischsprachigen Diskurses und mit unzusammenhängenden Sätzen auf Türkisch überlisten.

Unsere Tante *Leben* ist sehr gebildet; deshalb kümmert

sie sich nur um jene Kinder, die ihr im Denken und an Klugheit ebenbürtig sind. Vielleicht überlisten sie auch den Tod, sodass er unsere Kinder in Ruhe lässt und stattdessen uns mitnimmt. Sie begraben uns dann unter einem Grabstein, auf dem geschrieben steht: «Hier ruht, wer uns die Sprache des Lebens lehrte, damit wir die Stille des Todes besiegen.»

Unser Zeugnis über den Tod ist auf jeden Fall voreingenommen. Fragt jemanden anderen als uns.

Wir möchten unsere Kinder aufziehen und uns mit ihrer Mittelohrentzündung, ihren Milchzähnen und ihren rosafarbenen Linealen mit dem kleinen Kompass beschäftigen. Oder mit den vierundvierzig Zähnchen auf der Lineal-Unterseite, mit denen sie die Zeilen verzieren. Wir möchten, es wäre unser Lebensziel, dass unsere Kinder eine gute Schule besuchen, dass sie gute Noten nach Hause bringen und die Kinder der Nachbarn und Verwandten übertrumpfen und am Ende sogar uns selbst.
Meine Liebste und ich, wir wollen ihnen die Ohren lang ziehen und sie Anstand lehren; wir wollen ihnen beibringen, ihre Versprechen zu halten und ehrlich zu sein, damit sie nicht in die Hölle kommen und – vorsätzlich oder nicht – die Erde unter den Füßen ihrer Mütter, ich meine meiner Liebsten, unbrauchbar machen.
Wir wollen wissen, wie wir aus diesem Irrgarten mit ei-

nem einzigen Sieg herauskommen, wir, die wir an die Welt glaubten, die das indes nicht schätzte, sondern uns eine Grube namens Krieg grub und uns zuwinkt, während sie sich über unsere Naivität lustig macht.

Wenn ein illegaler Mord der Beginn der Vernichtung ist, dann ist der Beginn der ganzen Menschheit ein Junge und seine kleine Freundin in einer guten Schule, mit wahren Gefährten, die ihre Zeit nicht auf Facebook und mit dem virtuellen standardisierten Geschreibsel vergeuden, das dazu verurteilt ist, Geschreibsel zu bleiben, das nicht gelesen wird und das nichts verändern wird.

Ich möchte ein Kind, um mit ihm das Leben zu erziehen, während ich gleichzeitig mein Leben damit verbringe, das Kind zu erziehen.

All diese wunderbaren Dinge und noch vieles mehr notiere ich in meiner Agenda. Und schließlich schreibe ich ans Ende der Seite, unter die Ornamentzeile mit den vierundvierzig Zähnchen, die ich mit einem rosa Lineal gezogen habe:

«Zuerst muss ich ihre Mutter finden.»

Unsere angezogene Geschichte

Ich schreibe das Folgende nicht, weil ich letzte Woche zum ersten Mal in meinem Leben Unterhemden gekauft habe; und auch nicht, weil ich meine Größe nicht wusste, als die Verkäuferin mich danach fragte; und genauso wenig, weil ich Sehnsucht nach weißer Wäsche habe, die sich rot und blau färbte, wenn meine Mutter ein buntes Wäschestück übersah, weil es sich in der Metalltrommel versteckt hatte und dort kleben geblieben war. Sondern weil mir kalt ist. Ich trage neue Kleidung, deren frühere Besitzer ich nicht kenne und deren Taschen keine Erinnerungen, keine Papierschnitzel, keine Identitätspapiere oder Empfangsbestätigungen für ein Depositum enthalten, das beim nächsten Treffen so schnell wie möglich an seine Besitzer zurückgegeben werden muss.

Nicht weil wir arm sind, sondern aus Liebe zur Kontinuität oder weil wir das Fortwerfen von Kleidung nicht gutheißen. Wichtiger als all das aber ist es, Geschichte zu überliefern, so ähnlich wie Geschichte mündlich und schriftlich, auditiv und visuell überliefert wird, sodass wir die Kleidung von Angehörigen und Freunden annehmen oder sogar frei heraus und ohne Scheu verlangen. Denn nichts kommt dem Mantel deines Vaters oder dem Hemd deines Freundes oder den Schuhen deines Bruders gleich.

Auf jeden Fall stecken wir unsere Füße gerne in Schuhe unserer Lieben, um deren Probleme zu erkennen, wie das englische Sprichwort sagt.

Aber zurück zu den Unterhemden: In unserer Familie werden die Unterhemden zwei Lagern zugeordnet:
Die einen Unterhemden teilen sich, wenn sie aus der Maschine kommen, mein Vater und mein Bruder, beide mit einem kräftigen Körperbau, groß und breitschultrig. Die anderen landen bei mir und meinem anderen Bruder, die wir eher von schmalem Wuchs sind.
Man muss übrigens keineswegs in der gleichen Wohnung wohnen, um die Weißwäsche mit einem Verwandten zu teilen. Es genügt, bei einem Telefongespräch zu erwähnen, dass man etwas brauche, und schon kommt es, in eine schwarze Tüte eingewickelt und über Kreuz mit einem breiten braunen Klebeband zusammengebunden.

Es gibt immer jemanden, der etwas kauft, aber das bist nicht du. Du bist noch klein und du bist nicht in der Lage, Geschichte zu machen. Du musst sie leben oder anziehen, bis du klüger und zum Einkaufen qualifiziert bist!

Als ich zum ersten Mal Unterhemden kaufte, waren sie deshalb viel zu groß. Ich gab sie zurück und sagte zur Verkäuferin, dass ich andere wolle. Doch als ich die neuen anprobierte, waren sie zu klein. Also kehrte ich nochmals zu ihr zurück und fragte: «Haben Sie nichts in der Größe meines Bruders?»

In den weit entfernten, kalten Ländern erschaffst und beurteilst du dich neu. Du bist langsamer als früher, denn du trägst nicht die Schuhe deines Bruders. Und du bist schwächer als früher, denn du trägst nicht den Mantel deines Vaters. Du bist der Kälte stärker ausgesetzt, denn du trägst nicht das Unterhemd deines Bruders, das sich so gut an deinen Körper anpasst und deine Ansprüche erfüllt. Du bist unangenehm strahlend weiß, ohne die kunstvollen Farben deiner Mutter, die einem Familienbrandzeichen gleichkommen.

Das alles ist übrigens gar nicht so absonderlich. Nehmen wir einmal die deutsche Sprache. Es gibt eine Redewendung, die bedeutet: Wir tragen uns gegenseitig. Und mit diesem Ausdruck ist das Tragen als solches oder auch das gemeinsame Tragen zur Erleichterung der Last gemeint. Und genau das tun wir auch, und vielleicht sogar auf nettere Art und Weise. Wir tragen unsere Probleme gegenseitig, wir ziehen uns unsere Probleme gegenseitig an, wir kleiden uns gegenseitig in unsere Erinnerungen und überliefern sie von Generation zu Generation.

Einer meiner Freunde träumte vor Jahren, sein Großvater bekäme einen neuen Fellmantel und würde ihm seinen alten schenken. Dann würde mein Freund sich im Gästehaus vor den Gästen darauf stützen und wie sein

Großvater werden: ein Ritter, der die Kälte bekämpft und zu den Kampfplätzen der einzigartigen Vorväter eilt, die in der Lage sind, zehn Enkel mit Wärme zu überschütten. Dieser Freund schlüpft immer noch unter die Decke und weiß nicht, was Wärme ist.

Ich gehöre zu jenem Volk mit seiner angezogenen Geschichte, das das Weiß nicht überall leiden mag; zu jenem Volk, das gelblichen Joghurt mit Knoblauch trinkt.
Ich gehöre zu jenem Volk, das zwar alles neu kauft, aber lieber ein himmelblaues durchlöchertes Unterhemd mit seinen Familienerinnerungen trägt.

Lügner mit zwei Sternen

Du lebst jetzt in der Türkei ..., das ist in Ordnung.

Der launische Regen hier hat begonnen, die Nachrichten aus deinem zerstreuten Land zu benetzen, sodass sie dich aufgequollen erreichen. Und der Lärm des dichten Verkehrs hier überlagert das Geräusch des Fassbombenaufpralls dort. Das ist auch in Ordnung.

Du bist ein Mensch, wie es scheint. Du hast mehr als genug Sorgen und Beschwerden und fortlaufende Nummern, die viel über dich aussagen und wie Fußreifen rasseln, wenn du das Gebäude zu spät betrittst. Oder ..., ein Geflüchteter kam mit einem Koffer zu dir, mit dem er dem Tod entronnen war und dessen Räder zerbrachen. Nun schleift er ihn mit großer Verzweiflung hinter sich her.

Du bist doch ein Mensch! Du interessierst dich für die Getöteten, für die Weltmeisterschaft und dafür, wie Anfragen zum Mitmachen beim *Happy Farm*-Spiel blockiert werden können; und du verfolgst die letzten Nachrichten über Lügendetektoren und ihre Weiterentwicklung.

Als du einmal dein Metroticket vergessen hattest, fiel es dir schwer, jemanden zu bitten, für dich ein Ticket zu lösen. Und so gingst du fort und entferntest dich von dem Ort, den du für einen Ort des Verbrechens hieltest.

Kalziummangel in den Knochen deiner neuen Sprache ist auch ein Verbrechen!

Du bist die Chance deines Volkes und sein ewiger Erretter.

Wenn dir Gerüchte über die Kinder deines Volkes zu Ohren kamen, in denen behauptet wurde, sie bettelten, dann hast du geschworen, dass ihr von angesehenen Familien abstammt, die das Betteln ablehnen. Du hast zu Gott geschaut und Ihn gefragt, warum dich das Leben gezwungen hat zu lügen.

Du hast dich vor den Damen hier verneigt und die Hand eines jeden alten Menschen geküsst, als sei es die Hand deines Großvaters, den du liebst. Und du hast zu ihnen gesagt: «Wir sind wie ihr. Kommt nur einmal zu uns, und wir werden uns für unsere hintergangene Großzügigkeit mit allen uns zur Verfügung stehenden Mitteln rächen.»

Du hast vergessen, wie viele Ohrfeigen der armseligen Währung deines Landes durch den mächtigen Dollar verpasst wurden. Das ist ein schmerzvolles Thema ...

Du vermeidest Vergleiche, weil du keine Mutter bist, die ihr Kind und dessen angebliche Überlegenheit verteidigt. Du bist ein Mensch, wie es scheint ..., das ist in Ordnung, Mann.

Als sie dir in ihrem Türkisch «İyi akşamlar», *Guten Abend* wünschten, hast du die französischen und italienischen

Brocken angeführt, die du behalten hast, nur um zu beweisen, dass du aufgeklärt und gebildet bist: «Enchanté Soirée Matinée und Bon Appétit L'amour».

Ihre vor Verwunderung offenen Münder waren es wert …
Du bist jetzt ein Zwei-Sterne-Lügner:
Einen hast du, weil du übermäßig respektvoll bist, und den zweiten, weil du sagtest, hier seien alle Mädchen schön – obwohl die Schönheit längst das Weite suchte, als das Original mit anderen Völkern ins Bett ging.
Die Chance deines Volkes und sein letzter Erretter bist du.
Zu niemandem hast du einfach gesagt: «Komm her, hier ist das Land der Möglichkeiten.»
Du hast dich an das Wichtigste gehalten, und nur an das.
Wer von euch ohne Sünde ist, der bewerfe die Vergangenheit mit einem Stein und komme her, gegürtet mit Respekt und wohlriechendem Atem. Oder er möge dort bleiben mit jenen, die auf direktem Weg ins Paradies kommen – ohne Abstecher in die Hölle.

Marvel, durcheinandergewürfelt

Trotz seiner außergewöhnlichen Geschwindigkeit und seiner Unterwäsche, die er, wie er kürzlich beschlossen hatte, schicklich unter seine enge Hose anzog, war sein roter
Mantel ein deutliches Zeichen am Himmel der Stadt geworden. Nicht die Fässer, die mit augenfälliger Planlosigkeit
niedergingen, waren der Plot der Szene, sondern die Steine,
die die Menschen jedes Mal warfen, wenn er, ihre ganze
Aufmerksamkeit auf sich ziehend, vorbeikam und sie an
das Blut erinnerte, das sie gerade abgewaschen hatten ...
Ein Fass explodierte, während es langsam vor Lachen
herabfiel. Sein Deckel traf *Superman* und hinterließ eine
Schwellung am Kopf, und was vom Fass übrigblieb, wurde als Behälter für Kryptonit genutzt.

Wenn er durch ihr Viertel schlenderte, hatte er die Hände
in die erst vor Kurzem eingenähten Taschen gesteckt. Er
fühlte sich fremd, er war das Gehen nicht gewohnt und
hatte früher keine Taschen gebraucht.
Seine Stiefel mit dem langen Schaft hatten seit ewigen
Zeiten den Wind nicht bestiegen. Die Bewohner des Viertels flüsterten sich zu, sein roter Kopf und seine entstell-
ten Augen seien ein Werk des Regimes:
«Sie haben ihn eingesperrt und gebrochen.»
Die Bewohner des Viertels flüsterten sich auch zu, die

geschwollenen Streifen auf Brust und Rücken seien der Preis, den er dem IS hatte zahlen müssen, als er zu Fuß in ihrer Nähe unterwegs war:

«Sie haben ihn bestraft und auf den rechten Weg geführt.»

Spiderman fand kein einziges Gebäude mehr, an dem er sein Netz befestigen und hin und her springen konnte, um Menschen zu retten. Keinen einzigen Strommast fand er, an den er sich hängen und ein Mädchen küssen konnte, das trotz seines weißen Herzens schwarz gekleidet war.

Also begnügte er sich damit, zu Fuß zu gehen, die Hände in die neuen Taschen geschoben, während seine Stiefel mit dem langen Schaft im Schlamm wateten.

Als die Radiostation des Roten Kreuzes, des Roten Halbmonds und des Roten Davidsterns Gottes schöne Namen und *takbīr* und *takfīr*[7] brüllte, weil so viele unter den Trümmern begraben waren, kamen die Geretteten heraus und liefen, das Schlimmste befürchtend, zum Ort des Geschehens.

Batman hatte seine Gasmaske vergessen und starb durch giftgelbe Absichten.

Die Geretteten kehrten zurück, um seine Heldentaten zu sehen.

Hulk erzürnte.

---

7 Takbīr: «Allahu akbar» (Gott ist groß) sagen. Takfīr: Jemanden zum Ungläubigen (kāfir) erklären. (A.d.Ü.)

Ban Ki-moon drückte seine Sorge aus, und alle wussten, dass das Chemiemärchen wahr war. Nur Stan Lee zeigte auf den Täter in seinem hohen Turm auf dem *Kassjun*-Berg; die anderen wurden scheinbar wütend, ihre moralischen Geburtsfehler verloren sie nicht.

Die Katzenfrau *Storm*, die außergewöhnliche *Mystique* und viele andere legten den Schleier an und setzten sich, um auf ihr Schicksal zu warten ...

Bis dahin versammeln sie sich, berufen Frauenversammlungen ein und fordern Frauenrechte.

Magneto erhielt ein paar Tage vor der Schlacht von Baba Amr sein Visum für Schweden.

Wenn die Aids-Marke[8] aus Versehen von ihm abgefallen wäre und das Visum sich verzögern würde, dann würden die Metallwaffen im Himmel von Homs schwimmen, doch die Kontrahenten würden sich mit leeren Händen zuwinken.

Sie sahen *Wolverine* rechts des IS-Emirs von Deir ez-Zor sitzen. Er rauchte seine alte Zigarre und schärfte seine Messer, bevor er die Strafe für Diebstahl am Hungrigen vollzog, während *Captain America*, der als Mitglied in die Koalition gewählt wurde, vier Nicht-Regierungs-Hühnchen für die Aktivisten schlachtete und sie in seinen Schild legte, damit sie sie zusammmen verzehrten und gemeinsam für die Toten beteten.

---

8 Eine Wertmarke in Syrien (A.d.Ü.)

Nur Wael Qais, der seine Sonnenbrille verkaufte und einen Suzuki erwarb, weiß, dass Marilyn Monroe eine außergewöhnliche Frau war, die in einer verkommenen Zeit lebte. Wäre sie hier, würden wir, immer wenn der Wind der Veränderung weht, ihre außergewöhnliche Seite sehen. Als Wael mir erzählte, wie sie im Traum zu ihm kam und ihm von vierzig aushungernden Kriegen erzählte, begann ich zu schreiben:

«Auf dem Papier sind wir außergewöhnlich, gleichsam als wären wir Marvels durcheinandergewürfelte Waisen.»

Ohne Unterwäsche versuchst du zu fliegen

Wo ist der Elfenbeinturm, in dem du dich vor all diesem Tod verstecken kannst?

Wo ist das Gewehr, aus dessen Mündung eine Kugel abgeschossen wird und dessen After nicht mit im Öl der Politik getränkter Baumwolle verstopft wurde, sodass alles aus dem Ruder läuft?

Wo ist das Fahrrad, mit dem du die Kontinente ohne Visum durchquerst oder zumindest von einem Viertel zum nächsten fährst, ohne auch nur darüber nachzudenken, deine Zugehörigkeit und deinen Glauben zu tauschen?

Was ist mit den Städten und ihren Vierteln passiert, die voller Gabelungen und Möglichkeiten waren?

Als ich erfuhr, dass ein anderer Freund das Land verließ, um es kälter zurückzulassen, als es war, wusste ich, dass der Anblick der Leere, die der Freund hinterließ, den angsterfüllten Reisebus zum Aufschreien bringen würde. Ich stieg aus und kehrte in das selbst gewählte Exil zurück, den goldenen Käfig oder die Welt der *Fiction*, deren letzte Folge wir niemals erreichen, solange der Regisseur am Fuße des Berges schläft und über jede Szene seinen Sabber tropfen lässt.

Wenn du das Gefühl hast, nackt zu sein, und tausend Vergewaltiger umkreisen dich mit ihren gewetzten Gedanken, dann lächele; du bist kurz davor, etwas Besonderes in einem Fotoband über die Welt zu werden, die unzählige Verbrechen vertuscht.

Keiner von ihnen bemüht sich mehr, eins, zwei, drei ... zu sagen, bevor er ein Foto schießt.

Du entdeckst, dass er zwei oder drei Fotos machte, um dich dann daran zu erinnern, dass du lächeln kannst.

Niemand von ihnen bewegt mehr seine Lippen, eins, zwei, drei ..., um einen Toten zu töten oder um sich einem Leichenzug anzuschließen oder um einem toten Traum beizustehen.

Sie haben das Zählen gegen den Ausdruck «Oh Gott» ausgetauscht.

Gott steht nun vor allem. Vor dem Töten, der Arbeit, dem Spielen, dem Schmähen, dem Drohen, den Liedern und den Terminen, aber nicht auf angemessene Art und Weise, wie du glauben könntest ...

Sogar die Fifa wird ganz allmählich, allmählich von Gott gesponsert. Wie sonst konnte es wohl geschehen, dass sie nach Katar verlegt wurde? Noch ein «allmählich», und sie geht in die Erleuchtete Stadt Medina ...

«Lache»

Erinnere dich, dass in den Telefonen, die dir die schlechtesten Nachrichten verkündeten, ein hysterisches Lachen zu hören war, auch wenn das unmöglich ist.

Erinnere dich, dass der Serienmörder mit der größten Anzahl von Morden in der Geschichte – in unserer Geschichte zumindest – jetzt am Fuße des Berges sitzt und jedes Mal, wenn eine Fassbombe fällt und ein Toter durch die Luft fliegt, ein Selfie von sich macht.

Immer wenn ein Flugzeug kommt, siehst du, wie er zu einem Fenster läuft, um die Hand in die Luft zu strecken, damit das Flugzeug auf dem Bild aussieht, als flöge es zwischen seinen kleinen Fingern hindurch oder landete auf seiner Handfläche oder als schmückte eine Flugzeugstaffel seinen Kopf wie ein Lorbeerkranz.

Er entwickelt die Fotos und hängt sie zum Trocknen an die Wäscheleine über dem Berg, während ihm der nächste Mordgedanke durch den Kopf schießt.

Das größte Vergnügen von uns Dummen, die wir flohen, war es, die Cheops-Pyramide zwischen die Finger zu klemmen, als seien wir Giganten, doch es stellte sich heraus, dass Gigantismus eine Anstrengung anderer Art erfordert ..., von sehr besonderer Art.

Frage dich selbst: Bist du sicher, dass die Wahl des Berges aus strategischen Gründen zum Zweck des Selbstschutzes erfolgte? Ich zweifle daran!

Das Selfie, das Ich, die Verblendung, der Rinderwahnsinn und die Erhabenheit, der Empfang eines besseren

Handysignals, die Abgeschiedenheit, das Zusammentref-
fen mit Gott, das Beobachten zweier Seiten eines lodern-
den Kampfes, in dem mal mit Fingernägeln, mal mit Chemiewaffen gemordet wird, das Lachen über Männer, die
sterben, und Männer, die den Tod vorgeben, mit einem
riesigen Vergrößerungsglas aus weiter Ferne ..., das sind
die wahren Gründe für die Wahl des Berges.

«Wähle deinen Lieblingsberg»
Fahre hin zu ihm, wenn es möglich ist, und nimm einen
Stift mit, ein Blatt Papier, eine Kamera und Geschoss-
kugeln, die so klein wie Milchzähne sind und deren
Speichelfluss du kontrollieren kannst. Jeder Mörder ist
verantwortlich für seine Kugeln, und alle Kugeln müssen erwachsen und zur Last werden, von der du dich
befreist, wenn du sie – unabsichtlich oder vorsätzlich –
abfeuerst.

Auf jeden Fall wirst du nicht verstehen, wie vier Kinder
von dieser Welt in jenen Himmel übersiedeln und sich
verflüchtigen können, während sie Fußball spielen.
Du wirst es nicht verstehen, denn die Engel haben dieses
Mal nichts damit zu tun. Und auch der Weihnachtsmann
hatte seine Hand nicht im Spiel, weil er nicht mehr in diese Gegend kam, seit er für den Grenzübertritt ein Touris-
ten- oder Händlervisum beantragen musste.
Die vier Kinder liefen hinter dem Fußball her, und kurze

Zeit später liefen sie vor den Kugeln des israelischen Angriffs her.

Am Strand blieb nur eine Spur des blutigen Tors auf dem Sand zurück, das das Spiel entschied und auf eine Spielzeit verschob, die nicht kommen wird.

Hast du jetzt verstanden, wie sich die Kinder in diesen Tagen verflüchtigen?

Lass das Opfer küssen, wen es liebt

Eins

Zwei

Drei

Lass das Opfer verbergen, was es mag, oder trinken, was es mag

Eins

Zwei

Drei

Lass es glauben, dass die kurze Sure, die es fehlerhaft aufsagen wird, es vor dem Abweichen vom rechten Weg retten wird!

Eins

Zwei

Drei

…

Eins

Zwei

Was geschah mit der Exekution auf dem Schlachtfeld und

mit den Worten Stillgestanden, Anlegen, Entsichern, Zielen, Feuer?

Kann man davon ausgehen, dass einer so rasch verschwindet, ohne «eins, zwei, drei» zu sagen und ein spöttisches Lächeln aufzusetzen, das der Szene einen rührenden Anblick verleiht?

Du möchtest lächelnd sterben, mit Anzeichen der Frohen Botschaft und bei gedämpftem Licht und leiser Trommelmusik.

Du siehst gern Filme und liebst die abgedunkelten Szenen mit dem gedämpften Licht. Oft hast du dich zurückgezogen mit dem Computerbildschirm, nur um diesen Augenblick zu erleben, in dem die Helden verschwinden und die lange Straße auf dem Bildschirm zu sehen ist und sich dein Gesicht groß darauf spiegelt ...

Dank der Technologie bist du nicht allein. Wie sehr freust du dich über dich, wenn du von allem enttäuscht bist.

Du sitzt auf der weichen Klobrille, ein Stachel beginnt zu stechen ..., und du wünschst dir nur eines: der Schmerz dieser Welt möge aufhören.

Vielleicht wäre es besser für dich, aus dem Badezimmer hinaus über den langen Hausflur zu laufen, um nackt aus dem Fenster zu springen und zu versuchen, weit fort zu fliegen – ohne das schnell laufende Nachrichtenband, das dich dorthin zieht, wo du nicht sein willst.

Eins

Zwei
Drei
...

Ausschnitt aus einem sehr radikalen Zeugnis

In dem langen Flur schlossen wir die Augen.
Nur die Katze wurde Zeuge, wie wir einen Kuss stahlen.
Der Flur von zweieinhalb Metern hatte eine Ahnung von
dem, was passieren konnte und vorstellbar war.

Zeugnis eins

Es war kein erstklassiges Verbrechen, und ich hatte es
nicht beabsichtigt.
Ich hatte versucht, so viel Mitgefühl wie möglich zu er-
gattern und es herunterzuschlucken.
Es in mir zu bewahren, vielleicht wie ein Tier, das aus
Furcht vor der Kälte in Winterschlaf fällt.

Zeugnis zwei

Zuerst ging meine Liebste hinaus.
Der Eingang des Gebäudes war leer. Ich versicherte mich,
dass keine der Nachbarinnen mit den Kindern schimpfte.
Dann ging die Katze hinaus, um ihr Geschäft zu erledi-
gen; das Mitgefühl verhüllte sich, während ich die Tür
schloss; ich, der ich blieb, weil mein Mitgefühl meinen
Militärdienst nicht leistete.

Zeugnis drei

Meine Liebste schmolz in der Sonne, nach zwei Tagen regnete sie auf einen Schirm in einer Stadt, die sich nicht sonderlich um Regen schert.
Und die Katze, die hinauskam, hatte keine Jungen; ihr gefiel der Kuss einfach nicht.

Zeugnis vier

Die Katze erzählte einer Leiche von dem Kuss, und von dem Duft, der dem Schal des Mädchens entströmte.
Die Leiche erzählte es ihren Freundinnen, sodass sie alle Zeuginnen wurden des Kusses im Flur.
Die Stadt, die morgens mit der Politik beschäftigt war, sprach abends lange über unseren Flur.
Die Seitenstraßen sind nicht mehr wie üblich ausgestorben; es gibt dort Katzen, die von Zeit zu Zeit Zeuginnen von etwas werden.

Zeugnis fünf

Ich, der ich im Zimmer blieb, wollte den Gerüchten keinen Glauben schenken; ich sparte mein Mitgefühl weiterhin auf.

Begleiterscheinungen

Die Checkpoints der Stadt mehrten sich und suchten gekonnt nach unseren Fluren; die Katze, die herauskam,
adoptierte auf dem Rückweg einen blinden Hund und begann ihm zu erzählen. Meine Liebste verflüchtigte sich
ein weiteres Mal und regnete mehrmals nieder; die Kettenfahrzeuge, die verstreut zwischen einer Stadt und der
nächsten postiert sind, trafen sich aus Respekt vor dem
Duft ihres Schals und ihres Haars und meines Mitge-
fühls. Die verstreut postierten Kettenfahrzeuge befolgen
noch immer ihre Tradition des Bombardierens und Nie-
derwalzens; sie lachen in die Kamera und sagen:
«Fotografieren verboten, dieses Land ist militärische
Sperrzone.»
Die Katzen, die ihre Testamente geschrieben haben, haben den Kuss nicht erwähnt.
Der mutige Kommandeur hüllte sich ein in den Flur und
begann sich zu küssen und stotternd für den Propheten
zu beten.

Begleiterscheinungen

In dem langen Flur, der zu den alten Geschichten führt,
saß eine Katze, die Zeuge war, wie ich einen Kuss stahl,
während ich mich vor einem Kuss fürchte, der mich in
einen Traum ohne Liebste fortstiehlt.

«Wo ist meine Katze?»

«Das ist jetzt so!»

So sage ich zu mir und stelle mir einen Flur vor, der von einer radikalen Granate überrascht wurde.

Was wurde aus den Zugvögeln?

Im Burgenland bin ich kein Flüchtling. Und selbst wenn ich es wäre – denn so steht es auf dem provisorischen grünen Blatt Papier, das ich gleich nach meiner Ankunft hier erhalten habe –, fühle ich mich nicht als ein solcher, denn ich kenne den Bürgermeister. Er hielt mit seinem Auto und nahm mich mit, als ich auf dem Weg zum Zigarettenladen war. Dass er der Bürgermeister war, sagte er mir damals nicht, das erfuhr ich erst später.

Ich kenne die Männer der Müllabfuhr hier, die Nachbarn und ihren Kater Bruno, und ich kenne die Dorfnärrin, die sich an meinen Anblick gewöhnt hat und meinen Gruß erwidert. Was wird aus der armen Frau werden, wenn ich fort bin? Ich kenne die Betrunkenen, die mir auf dem Markt raten, normale Eier statt Bioeier zu kaufen, weil sie zu teuer seien, und sich dann in aller Ruhe wieder zurückziehen, um sich noch ein Bier zu kaufen.

Im Burgenland bin ich kein Flüchtling. Aber sicherheitshalber versuche ich mir die Sozialversicherungsnummer zu merken, die sie mir in Abwesenheit zugeteilt haben. Manchmal sage ich sie sogar vor dem Einschlafen auf, obwohl ich in Syrien nicht einmal meine Nationalnummer auswendig konnte. Ich versuche sie mir zu merken, weil ich Angst habe, dass sich eines Tages mein Name wegen der schwierigen Aussprache ändern könnte. Deshalb gebe ich die Nummer jetzt jedes Mal zum Besten, wenn ich mich jemandem vorstelle.

Sie hätten auf das grüne Blatt Papier besser schreiben sollen, dass ich eine Waise bin, die ihre Heimat durch ein Verbrechen verloren hat, dessen Fall bis zu diesem Moment gegen Unbekannt geführt wird, und dass ich mich der ersten fürsorglichen Heimat in die Arme warf, der ich auf meiner Flucht begegnete.

Auf unserem Weg zu einem der überfüllten Grenzübergänge zwischen Österreich und Ungarn versuchte ich meiner aus der Schweiz kommenden Journalistenfreundin, die die Situation der Flüchtlinge dort fotografieren wollte, zu erklären, dass die Vögel auf der Flucht vor dem Winter ohne Visum von einem Land ins andere zögen. Warum also brauchten wir ein Visum, wir, die wir geflohen sind vor einem Frühling, in den die Kälte des Winters der ganzen Welt eingesickert ist.

Ich weiß, dass sich die Jahreszeiten unterscheiden, aber die Flucht ist dieselbe.

Ich fragte meine Freundin, ob die Regierung die Flügelabdrücke der Vögel registriert habe, die von weit her gekommen sind.

Meine Freundin begriff nicht, dass ich eigentlich vorschlug, die Vögel gleich bei ihrer Ankunft in Lager zu stecken, sie zu registrieren und auf die verschiedenen

Bundesländer Österreichs zu verteilen, damit sie den einheimischen Vögeln, die in ihrem Leben noch nie den Geschmack der provisorischen grünen Blätter gekostet haben, nicht den Platz streitig machen.

Die Strecke vom Camp zum Zigarettenladen zu Fuß beträgt bei schönem Wetter 2,7 Kilometer und wird im Winter möglicherweise viel länger.
Die Strecke vom Camp zum Arzt beträgt 6,6 Kilometer.
Die Strecke von der Türkei nach Griechenland beträgt 250 Kilometer.
Die Strecke von Griechenland nach Österreich beträgt drei Monate und zwei Nächte.
Die Strecke von der Tür unseres Zimmers zur Tür der Leiterin des Camps, die niemals lächelt, beträgt 50 Meter.
Aber die Strecke zur Geburtstagsparty eines Freundes oder zur Mittagessenseinladung eines Nachbarn ist die längste Strecke überhaupt, weil ich ehrlich gesagt nicht das Geld für ein paar Blumen oder für eine Flasche Wein besitze, um sie meinen Freunden mitzubringen.
Jedem, den ich traf, musste ich erklären, dass ich nur selten meinen Geburtstag feierte; dass wir Geburtstage im Allgemeinen nicht häufig feiern, und dass ich, seit ich Syrien verlassen habe, meinen Facebook-Account schließe, sobald mein Geburtstag naht, damit mich niemand in die Verlegenheit bringt und «Alles Gute zum Geburtstag!»

schreibt. Denn ich bin nicht allzu nah dran an diesem Guten, ich bin sogar sehr weit entfernt davon, seitdem alles in Kilometern gemessen wird und ein Treffen mit meiner Familie und meinen Freunden eine komplizierte Rechenaufgabe geworden ist.

Nachdem ich die ersten drei Monate meines Aufenthalts im Camp verbrachte, habe ich begonnen, Deutsch zu sprechen. Aber als ich hinausging, um den Bus in die nächste Stadt zu nehmen und dort etwas zu kaufen, ließ ich meine Befähigung, Deutsch zu sprechen, in meinem Zimmer zurück. Ich wusste, dass der Fahrer auch ohne die Zuhilfenahme der Sprachen der Welt merkt, dass ich nicht über mehr Geld verfüge, als ich zum Leben brauche, und den Fahrschein nicht kaufen kann. Er lud mich mit einer Geste ein, ohne zu bezahlen einzusteigen, und ich legte als Ausdruck meiner Dankbarkeit meine Hand aufs Herz.

Ein paar Monate später erhielt ich ein wenig Geld. Ich ging zu dem Fahrer, um ihm zehn Euro als Entschädigung für meine Fahrten ohne Fahrschein zu geben, doch er nahm sie trotz meines Beharrens nicht an.

Der Fluchtweg an und für sich war nicht schwierig, weil ich ihn schweigend zurücklegte, und wenn ich – sei es zu mir oder zu meinem Bruder – etwas sagte, dann: «Morgen kommen wir an; es ist nicht mehr weit; ich habe Hunger;

mir ist kalt; noch ein paar Berge, dann haben wir es geschafft.»

Flüchtling sein bedeutet fremd sein in der Sprache; die Sprache nicht zu beherrschen. Flüchtling sein bedeutet, dass dein Wortschatz der Sprache jenes Landes, in dem dein Weg endete, auch am Ende ist.

An einem meiner ersten Tage im Burgenland ging ich zum Zigarettenladen und fragte den Verkäufer auf Englisch nach der Bushaltestelle. Doch er wies mit dem Finger zur Tür, damit ich verschwinde, und so lief ich die langen 6,6 Kilometer zum Camp zu Fuß zurück.

Ich war mir sicher, dass der Ladenbesitzer mein Auftauchen sogleich nach meinem Verschwinden wieder vergessen würde – nach ein paar Beleidigungen oder harter Kritik an der Flüchtlingskrise –, denn ich war damals nichts als ein Flüchtling mit einer im wahrsten Sinne des Wortes befremdlichen Sprache.

Einige Monate später betrat ich denselben Laden, ließ dieses Mal aber meine Fähigkeit, Deutsch zu sprechen, nicht in meinem Zimmer zurück. Ich legte mir alles, was ich gelernt hatte, zurecht, um mich gleich nach meinem Eintreten auf den Ladenbesitzer zu stürzen, doch dazu blieb mir ehrlich gesagt gar keine Zeit.

Nachdem ich zwei Worte auf Deutsch herausgebracht hatte, ließ mich sein breites Lächeln innehalten; ich hatte keine Chance, meine Rede zu beenden. Er kam sofort hinter der Theke hervor, stürzte sich auf mich und klopfte mir auf die Schulter, um meinem guten Deutsch Anerkennung zu zollen, auch wenn es zwei Worte nicht überstieg. Er beantwortete meine Frage und schickte mich auf den Weg.

Die Strecke von der Tür meines letzten Zimmers zur Tür meines ersten Zimmers beträgt 3151 Kilometer.

Sehen Sie, wohin es mich geführt hat und welche Strecke ich in meinem Leben zurückgelegt habe!

Ich beneide die Vögel, weil sie ganz einfach von einem Ort zum anderen flattern. Und ich beneide sie, weil sie nicht die Sprache jedes Landes lernen müssen, in das sie fliegen. Und ganz sicher beneide ich den großen Vogel, der auf dem Rathausgebäude in Oberschützen lebt und tagelang fortbleibt, ohne die Behörden über sein Reiseziel zu informieren.

Hier fahren die Großmütter Fahrrad. Manchmal benutzen sie das Rad frühmorgens, um den Arzt aufzusuchen. Einige Frauen des Dorfes gehen regelmäßig mit ihren Hunden spazieren. Aber von meiner Nachbarin, die mich bei sich aufgenommen hat, habe ich gelernt, dass die Hunde nicht willkürlich loslaufen, um ihr Geschäft zu verrichten, sondern dass sie das Gras mit ihren Nasen lesen, wie ich die Zeitung lese, und dass sie genau über die Nachrichten der Hunde des Dorfes sowie der fremden Hunde, die im Dorf vorbeikommen, informiert sind.

Ich bin ein Intellektueller, der in einem Dorf lebt, dessen Hunde Intellektuelle sind.

Die Distanz von Oberschützen zur Sprachenschule beträgt 7,9 Kilometer.

Als ich meinen ersten Brief an meine Freunde in der Schweiz verfasste, unterschrieb ich ihn mit «Vom Ende der Welt und noch drei Meilen weiter». Damals waren die Entfernungen äußerst groß, und das kleine Dorf war damals wirklich das Ende der Welt. Und ich glaubte, dass es keine Anfänge mehr geben werde nach diesem Aufenthalt, der die Farbe des Schweigens und den Stempel der Einsamkeit trug.

Ich habe nicht viel Zeit in diesem neuen Leben, ich muss viele Distanzen überwinden, zu Fuß oder mit dem Bus, mit dem Auto per Anhalter, mit dem Zug, mit oder ohne Fahrkarte, mithilfe von papiernen oder elektronischen Briefen. Aber ich unterschreibe die Briefe jetzt mit dem Gruß «Vom Beginn der neuen Welt», bis ich meine erste Welt zurückerhalte, meine Welt, die aus einem Zimmer bestand, das nur ein paar Meter von meiner Familie entfernt lag.

Die Weisheit des Nesthäkchens

Sie muss selbstverständlich schön sein, elegant und
weich, die Idee, die mein ganzes Denken einnehmen
wird, während ich dasitze und auf sie warte.

Gott hört dein Gespräch mit Ihm, während Er im Nachbarzimmer ist, oder in der Wohnung über dir. Du been-
dest dein Gespräch und das Nachdenken, indem du einen
Teller Pasta für euch beide zubereitest.

Du bist fertig mit Tisch-Decken, aber nicht mit dem Gespräch. Die Schöpfungsgeschichte scheint äußerst lang zu
sein, länger als du dir vorgestellt hast. Sie ist nicht von
der Kürze wie: «Zwei Eier wurden über einem durchsich-
tigen Glasteller gegeneinander geschlagen, ihr Eigelb
vermischte sich; es war ein sorgenfreies Leben, und das
Eiweiß wurde neidisch und versuchte, auch hineinzu-
kommen.»

Es gibt viele Einzelheiten. Du streust frischen Thymian
über die Pasta und vergisst absichtlich das Salz, damit
dich die Vollkommenheit der Pasta nicht verlegen werden lässt, wenn du kurz davor bist, die Nachbarn aus dem
Nachbarzimmer oder der Wohnung über dir aufzufor-
dern, zuzugreifen.

Ein schwerer Tabakgeruch weht dich an, langsam und
geschwängert von Geduld. Du hebst deinen Blick nicht

71

von dem Teller Pasta, sondern du hörst nur auf zu denken, um die Stimme sagen zu hören: «Ich bin mit der Beobachtung einiger Ameisen beschäftigt, die aus dem Holz des Stuhls kriechen und zum Baum krabbeln.»

Das Schweigen ist also das Hauptgericht und nicht die Pasta. Wie schreibt man über das, was danach geschieht?

Du spürst die Hitze der Sonne, die ihre Hand über die Decke deines Zimmers gleiten lässt, die aus etwas Ziegelähnlichem gemacht ist, das jedoch die Farbe von Eisen angenommen hat. Vielleicht war es auch Zink, das durch das häufige Darüberstreichen der Sonnenhand rissig wurde.

Stell dir vor, du streichst unermüdlich mit deiner Hand über den Kopf von jemandem, den du liebst. Das würde sowohl den Kopf abnutzen wie auch die Liebe, die Ruhe und die Hitze.

Die Bewohner der Wohnung über dir gingen fort und nahmen die Wohnung mit; den Fußboden ließen sie dir als Zimmerdecke zurück. Sie ließen auch die Wolken zurück, mit deren Zählen sie sich vor ihrer Abreise abends die Zeit vertrieben. «Wenn sie uns wollten, wüssten sie, wie sie nachkommen könnten», sagten sie. Sie meinten die Wolken.

Neben deinem Zimmer ist eine Küche, darin ein Spülbecken mit Plastikwasserflaschen darunter, darüber so etwas Ähnliches wie ein Briefkasten mit verschiedenen Arten von Gewürzen. Du warst gezwungen, das Nachbarzimmer an einen fliegenden Käufer zu veräußern, der über dem Baum vorbeiflog, der auf dein Fenster blickt. Er hatte die Möwen verfolgt, die vom Meer zurückverlangt werden.

Als du die Falltür öffnetest, die zu der Holztreppe führt, um aus dem Zimmer hinunterzusteigen ..., hast du darunter nichts gefunden.

Dein Zimmer passt jetzt für dich. Es hat kein Nachbarzimmer mehr und über ihm sind nichts als ein paar Wolken, die schon lange nicht mehr gezählt wurden, die Hand der fleißigen Sonne und einige Möwen, die vor einem weit entfernten Meer flohen.

Noch passender ist, dass du die Stille durchbrechen und den Teller Pasta essen kannst, ohne dir wegen einer schönen Idee Sorgen zu machen, einer eleganten, weichen Idee, die vielleicht die Laune deiner Erinnerung verdrießen kann, nur weil du seit Kurzem an sie denkst. Und was Denjenigen im Nachbarzimmer betrifft oder in der Wohnung über dir, so dreht Er allem den Rücken zu, nachdem Er es erschaffen hat.

Nachwort

Die neuen Texte des syrischen Lyrikers Hamed Abboud sind ein eindrückliches Beispiel dafür, wie biografische Erfahrungen von Revolution, Krieg und Flucht zu einer Prosaisierung der Dichtung beitragen. 1987 in Deir ez-Zor geboren, studierte Hamed Abboud zunächst Nachrichtentechnik in Aleppo. 2012, beim Ausbruch der Revolution in Aleppo, erschien im Arwad-Verlag, Tartus, sein erster Lyrikband unter dem Titel *Matar al-ghaima al-ula* (Der Regen der ersten Wolke). Dann entschloss sich Hamed Abboud zur Flucht aus Syrien. Diese endete drei Jahre später in Wien.

Einer der herausragenden Texte, die nun auf Deutsch vorliegen, ist *Ich möchte einen Panzer fahren*. Der Krieg ist über die Alltagsrealität hereingebrochen und bestimmt Sprache und Gedanken. So heißt es in den ersten Zeilen: *«Wüsste ich, wie man einen Panzer fährt, / dann liehe ich mir einen, von Freunden oder von Feinden. / Alle haben einen Panzer – außer mir.»* Da die Zeilen wie aus dem Munde eines Kindes gesprochen wirken, kommt darin die tragische Absurdität der syrischen Situation umso mehr zum Vorschein. Einfühlungsvermögen, an sich eine moralisch hochbewertete Fähigkeit, soll in Zeiten des Krieges durch eine Panzerfahrt eingeübt werden, um *«durch die rechteckige Luke»* die Welt aus Sicht der Soldaten sehen und sich in ihre Lage versetzen zu können: «*Vielleicht würdest du ihnen dann verzeihen, deine Lieblingskirche zerstört zu haben*». Gott aber ist durch die rechteckige Öffnung des Panzers nicht zu sehen und existiert nur, wenn Sterbende seinen Namen rufen. Die Welt, die sich in dieser lyrischen Prosa entfaltet, hat weder Gott noch das Leben zum Mittelpunkt, sondern den Panzer, der wie ein Hund zum ständigen Begleiter des Menschen geworden ist.

Die Tragik der syrischen Situation, die durch die gescheiterte Revolution, den Krieg des Regimes gegen die eigene Bevölkerung sowie die Tatenlosigkeit der sogenannten «internationalen Gemeinschaft» geschaffen wurde, bildet den thematischen Kern der Texte. Gegen die Hoffnungslosigkeit setzt der Dichter seine Sicht der Welt, die aus paradoxen Sehnsüchten, alltäglichen Verrücktheiten, bestürzenden Visionen und einem sehr besonderen schwarzen Humor zusammengesetzt ist. Indem der Erzähler, der mitunter in die «Wir»-Perspektive wechselt, seine Alltagsanekdoten von Krieg, Exil und Überleben mitteilt, werden Lebensbereiche vermengt, die unter normalen Umständen nichts miteinander gemein hätten, und in denen das Groteske zum bestimmenden Wesensmerkmal der Wirklichkeit geworden ist.

Das Groteske, Absurde und Paradoxe wird in *Die verschiedenen Varianten des Todes* auf die Spitze getrieben: Der Tod ist nicht einfach nur zu einem alltäglichen, tabubefreiten Thema in den Gesprächen geworden; das richtige Sterben wird nun analog zu anderen sozial bzw. religiös normierten Verhaltensweisen zum Gegenstand eines Ratgebers – ein mit allerlei Geschichten und Meinungen bestückter syrischer «Knigge», der einmal heroisch und effekthascherisch, ein anderes Mal dezidiert politisch unkorrekt Ratschläge erteilt. Darin wird nicht allein soziale Konformität unter Verwendung deplatzierter religiöser Formeln gepriesen, sondern auch das «westliche» Gebot des Individualismus und der Suche nach Extremerfahrungen, das von den Menschen eine originelle und einzigartige Todesart einfordert, um die gesellschaftlichen Erwartungen an den Einzelnen zu erfüllen. Nahöstliche und europäische Verhaltens- und Denkmuster vermischen sich zu einem hybriden Set grotesker Lebensbedingungen, die in der vom Autor gekonnt eingesetzten Alltagssprache einem normalen Leben «*in einem anormalen Krieg*» entsprechen und die von einem schwarzen Humor gekennzeichnet sind, bei dem Lachen und Tragik nicht zu trennen sind. Noch mehr als Groteske und Absurdität aber spricht aus den Texten eine tiefe Verzweiflung, die aus einer (noch) nicht einlösbaren Sehnsucht nach dem alten oder möglicherweise einem neuen Zuhause gewachsen ist.

Der in seiner besonderen Ästhetik sehr überzeugende prosaische Charakter dieser Dichtung und die mal ausufernd-epische, mal gedanklich tiefgehende Sprache korrespondieren mit den Paradoxien, die in den letzten Jahren im Kontext des Krieges um Syrien entstanden sind. Krieg und Flucht haben nicht so sehr die Sprache zersetzt, die auf der Oberfläche noch ihre Funktion als Kommunikationsmedium erfüllt; vielmehr zeigt uns Abboud in der diffus wirkenden, aber gekonnt komponierten Aneinanderreihung von skurril anmutenden Bildern und Anekdoten sowie rasanten Themenwechseln, wie sehr Krieg und Flucht das menschliche Leben geschädigt haben – und wie Dichtung gegen die Sprachlosigkeit im Angesicht dieser Beschädigungen Fluchtpunkte für eine menschlichere Welt entgegenzusetzen vermag.

Stephan Milich

pudelundpinscher

ISBN 978-3-906061-11-5

حمد عبود

الموت يصنع كعكة عيد الميلاد

نُصوص

مع كلمة ختامية من شتيفان مليش

الموت يصنع كعكة عيد الميلاد

أريد أنْ أقود دبابة

لو أعرفُ كيف أقود دبابة
لكنتُ استعرتُ واحدة من الأعداء، أو الأصدقاء
الكل لديه دبابة سواي
ولأخذتك على متنها
في فسحةٍ تليق بهذه الحرب
لتشاهدي الحياة كما يراها الجنودُ من فتحة الباب المستطيلة.
لربما عذرتهم ـ قبل أن تكفري بإلههم ـ لتدمير كنيستكِ المفضلة.

من فتحة الباب المستطيلة لم يروا الله فوق الكنيسة
ولا رأوه أيضًا في غرفة الاعتراف خلف الحائط المَوشَّى بزحفِ العريشِ
والخطايا.
ولكنهم سمعوا عنه كلما صاح به أحدهم: «....».

أقحموه عنوةً في قلوبهم فخرجَ عنوةً.

كنتُ أخذتك
نعرِّجُ فوق المئذنة المرمية في الشارع، ولن نكون قد اقترفنا معجزة بذلك،
المئذنة التي وضعتْ أذنها على الإسفلت

كهندي أحمر يستمعُ إلى خطوِ القادمين والنازحين من البعيد، وإلى البعيد...

لو أنني أعرف كيف أقود دبابة لتَعاركَ إخوتي؛ من سيأخذ الكرسي الأمامي بجانبي ؟!

أعرفُ بعد أن فقدنا سقفَ الوطن بأنّ الدبابات ستصبحُ بسقف مكشوف أيضًا،

كشفنا رؤوسنا وصدورنا وانتظرنا صدى الدعواتِ الثقيلة.

وكأيّ مهووس بالنظافة والبريستيج

كنتُ سأَلَّع حديد دبابتي ـ وإنْ كانت مستعارة ـ وأمسحُ زجاج النافذة المستطيلة

لرؤيةٍ أفضلَ، وحربٍ أنظفَ، وشهداءَ يموتون بكامل شاماتهم وبلونهم الحقيقي.

لا أريد ـ بعد أنْ أعيدها ـ أنْ يُقتلَ شهيدٌ أبيض فقط لأنه اسمَرَّ في زجاج النافذة.

كلنا نريد للقتل أنْ يكون واضحًا، صافيًا، ثلاثيَّ الأبعادِ والنوايا.

وكأي مهووسٍ أيضًا، كنت سأَمررُ الكفنَ على الماسورة جيئة وذهابا

كمُلمِّع أحذية ماهر

الحرب النشيطة تستحق مواسير سالكة

بدون طينٍ أو أعشاش عصافير وحمَامَاتٍ بيضاءَ تقف عليها وتُعكِّرُ تركيزها

لا أريد أن يقول الناس:«انظروا، خرَّبَ لنا حربنا بمنظر حديد الدبابة الصدئ.»

أعرفُ صديقًا من القرية، سرقَ دبابةً وأخذها إلى النهر
تعرّتْ وتوضأتْ الدبابة من الفرات، وأسقطتْ الجسر المعلق...
قيلَ في الموضوع: خلافُ وجهات نظر
الجسرُ كان يَرى الدبابة من فوق حالة انتصاب فاضحة
الدبابة كانتْ تَرى الجسر رصيفًا طائرًا
من فتحة الباب المستطيلة الضيقة، كان الموضوع مستفزًا ألاّ تُرى حبال الحديد،
الدبابة سحبتْ مسدسها أولاً...

لم أكن شجاعًا كفاية
اكتفيت بوشم دبابتي
كتبتُ:
«رضاكِ يا أمي..».

كنتُ ألوّحُ
للأعداء
للأصدقاء
للمارة

للأمهات

للأولاد

ألا يقتربوا

دبابتي مصابة بداء «الشقيقة»

ولا أعرف موعد نوبتها القادمة.

لو أعرفُ كيف أقود دبابة

لتركتُ غرفتك تنسلُّ هاربةً من الطابق الثاني إلى الطابق الثالث، دون أنْ أدفعها لذلك،

كنتُ أخطأتُ التصويب لحظتها وأصبتُ المئذنة

هذا السبب الوحيد الذي جعل المئذنة تُقصف...

المئذنة أولى بالقذيفة من شُبّاكِك.

ألم نتعلم، بعد كل هذا الضرب، بأن خدَّ الدِّين، الأيمن، يحتمل اللطم أكثر من خد القلب!

أمّا هم

فكانوا يصوبون نحو شالكِ ليغتالوه، المنحرفون كانوا يحبون رؤية عنقك في الصباح

على الحاجز وأنتِ تضغطين الهاتف بين أذنك وكتفك.

سأستعيرها، لا تقلقي، ولن يزعجك زمور دبابتي حيثُ أنتظركِ لتنزلي

سأطلق مئة وسبعًا وأربعين قذيفة حتى تنتهي من زينتك

١٠

سـأقـفُ أسفل بيتك

وسيتهامس أهل الحارة: «انظروا! لقد صادقَتْ الأقوياء».

ومع أن قلبي ضعيفٌ، ودبابتي روسيةُ الصنع،

كنتُ سأحبك من قلبي، حيث أنا... في قلب دبابتي.

رأيتُ في طريقي إليك دبابة صفراء قصيرة مزركشة باللطخ السوداء

شعرتُ بالغيرة واشتقتُ إليك أكثر

كنتُ أحيّيكِ بقذيفة كلما خطرت ببالي، دائماً...

تضحكين!

أنت الوحيدة التي تعرف سبب هذا القصف العشوائي

كنتُ أمنعُ الناس من التفكير بك أيضاً

أمنعُ الأمهات من دقّ بابك

هل عرفت لماذا شارفت على العنوسة؟

مازلتُ صادقًا بأنك لن تكوني لغيري

أنا الغيور صاحبُ الدبابة المستعارة.

أجلسُ في دبابتي، أُطرِقُ رأسي إلى الأرض

ورأسُ ماسورتي منتصبٌ فوق المئذنة:

«ماذا فعلنا يا الله!»

«كيف اقترفنا كل هذه المسافات الشاسعة من القتل».

كم كان جميلاً لو أخذتك وإبريق الشاي،
جلستُ على الحدود لأحميها وأسقيها ما تبقى في الكوب البلاستيكي
كم كان أنيقاً
لو أن الجسر بقي طائرًا، وتستّرتْ عورةُ الدبابة الفاضحة
كم كان جميلاً لو أنّ الدبابة تعطلتْ، وسكتَ هديرها، واستمعنا لأمنا تنادي:
«تعالوا... العشاءُ اليوم بطيخ وجبنٌ أبيض».

في يوم مشمس طارت الدبابة إلى الله، هرستْ الصّراط وعبّدته، ثم عبرنا
على طريق واسعة جدًا إلى الجنة.
في يوم مشمس طارت حبيبتي وأنا أَلوِّح لها بمفاتيح دبابتي
كانت هناك بصلة يابسة في نهاية علاقة المفاتيح
علقتُها ليبكي الحزن إذ أتى يومًا
لأتذكر بأن الحزن جميل أيضًا
لأبكي عندما أحتاج، وأبتسم وأنا أُنشِّفُ دموعي لأنّ كل شيء بخير الآن.

كان شريط الهاتف، الطويلُ جدًا، يكفي ليتعثر المارة بقربي وأنا أتغزل بك،
وأعدك بفسحة في الدبابة،
وكان كافيًا لأن أربط الدبابة به، وأجرها خلفي لئلّا ترجع إلى أصحابها
أعدائي، أصدقائي...
أصحاب الدبابات
أولاد القذائف.

دومينو وكاندي كراش

جربتُ ووجدتُ...

إنّ المتعة لا تكمن في ترتيب أحجار الدومينو تباعًا، ودفع الحجر الأخير لمشاهدة السلسلة تتدافع فوق بعضها البعض حتى رمقها الأخير. المتعة تكمن في عشوائية الأحجار، والتفكير في حركة واحدة تُوقع أكبر عدد منها، وفي متابعة سحلها إلى فوهة التدمير بانتظام.

الطائرة التي كانت تحوم حول منطقة «الفيض» في حلب، كانت تبحث عن المكان الأمثل لرمي البرميل المتفجر، يحكُّ الطيار ذقنه ويتساءل: «أين هو البيت الذي سيُفكك مفاصل الحي بأكمله؟!».

يستمرُ في الدوران للمرة الرابعة فوق المكان، وتعتقد بأنه يشاور ضميره، ولكنك مخطئ، لو كان الموضوع مشاورة لما حلّق فوق المكان لأكثر من مرة.

القناص الذي اختبأ في قنّ الحمَام كان يبحث عن الطلقة التي ستقتل أربعة أشخاص مرة واحدة، ويذبح أهليهم حزنًا وأصدقاءهم ذُهلاً. أما اليتامى فلا يصطادهم القناصون، فليس هناك أهل يبكونهم. وبطريقة ما، كان يعرف القناص الضحايا ويتحسس قبلات الأصحاب والأهل على وجوههم وابتساماتهم.

اليتامى لا يأخذهم الموت دائما، إنما يزورهم، يغطيهم ويذهب بعد أن يغلق النافذة كي لا يصيبهم البرد.

أما القائد الذي كان يحتفظ «بحق الرد»، فقد كان يُفكر في ميعاد رده الذي سيوقع الجميع على أقفيتهم من الضحك عشوائيًا وبانتظام. وإلا لِا احتفظَ به لهذه الفترة الطويلة، لابدّ وأنه أحسّ بأنه مهم لشيءٍ ما، يومًا ما.

لا يفتح «حق الرد» العلب المعدنية، ولا تستطيع استخدامه كعلاقة مفاتيح، ولا بدّ وأنّ العائلة «الحافظة» لحق الردّ جربت أن تفعل به الكثير، وعندما فشلتْ اكتفتْ بميزته الوحيدة، ألا وهي إسقاط الضحايا على أقفيتهم من الضحك دفعة واحدة، إنها حركة لطيفة ودراماتيكية بالتأكيد.

التدمير العشوائي المنتظم أذكى بكثير من تدمير الأنساق والترتيبات، وعليه، فإن «Ctrl+A» يتبعهُ «del» هو فعل معيب بحق فاعله، أما البحث عن الملف الذي سيُدمر المنظومة كلها فهو عين الذكاء وحنجرته.

وأمام كل هذا، هناك أنت، أنتَ الذي تعتقد بأن التدمير عشوائي ولا تنظر إلى اللوحة الكبيرة لترى بأنه تدمير عشوائي منتظم، لا تدرك بأنّ مكمنَ اللعبة الحقيقي يقع في تلك الحركة الواحدة التي ستُحدثُ دوامة من الإسقاطات والتساقطات.

تخيّل معي عشوائيا ولكن بانتظام:

طلقة هناك تحُدث جثة في قبو ما هنا، ثم هجوم على دائرة الهجرة والجوازات في مدينة أولى يُحرق هويات الخلق كلهم، ثم جسر مكسور في مدينة ثانية يكسر ظهرالخلق كلهم. لا يعبر النهر أحدٌ من دون هوية، ولا بد ستُحدثُ ذبحة في قلب أحدهم على الطرف الآخر دون جسرٍ للوصول إلى المذبوح. وبعيدًا جدًا، ثمة طفل يولد في المخيم من دون هوية أوجسرٍ أو حقّ

ردّ، لأنه بات عادة قديمة. اللوحة الكبرى الآن، تقوم على مدينة محررة هنا، وأعلام سوداء ترفرف هناك، لتجلب طائرات روسية فوق «الهنا» و«الهناك». عندما تنتهي التداعيات يصرخ أحدهم: «خمسة وستون بالمئة من البلد مُدمّر، برافو!».

إذا كانت الحياة هي ترتيب أحجار الدومينو، والمكافحة لجعل السلسلة تطول وتمتد، فإنّ الموت هو كاندي كراش الذي يضرب في مكان ما فيتداعى خلفه ألف مكان ومكان دون سابق إنذار أوتحذير.

إحدى التداعيات المحسوبة بدقة والتي لم أنتبه إليها وأنا أهرب من الحرب من بلد إلى أخر، أنني وجدتُ الحرب أمامي، سبقتني ووضعتْ كل جرحاها ومُصابيها وثكلاها أمامي، لأنظر إلى الحديد المحفور في لحم فخذ أحدهم فأرى وجه قاتلنا الذي يسجل على ورقة صغيرة كم من الدمار العشوائي المنتظم حقق بحركة واحدة.

بورتريه لديكتاتورنا الجميل

ندمتُ وأنا ألوك هذه الفكرة بين أسنان دماغي، وسأشعر بندم أكبر عندما أكتبها وأشاهدها تنمو على شاشة البلاك بيري الصغيرة ٣*٤ سم، ولكنّ الندم هو النتيجة الوحيدة التي تجعل هذه الحياة حقيقية.

الندم على وجهك الذي تغسله ولا يزول، الندم المتسلل إلى صوت أبيك، أرسلَكَ لتنجو ولم ترهُ منذها، الندم لأن ديكتاتوركَ المفضل لم يعد يقتلكَ كما تعودتَ، الندم الذي يُبكي مناضلاً بقي وحيداً في الميدان، والندم القابع على شاشة التلفاز لأنّ المجزرة أصبحتْ مسلسلاً، ولم يعد يعرف المذيع في أي نشرة ضاعت من بين يديه جحشة هذه الحرب، فضاجتْ الحرب وضجّت الحياة.

وفوق ذروة هذه الكومة الكبيرة من الندم، يقف الديكتاتور الجميل يلوّح لنا بيديه، ونحن نغادر البلاد لندرس في الخارج، ولننفتح على الخارج، ولنتعلم وندرس ثقافات الشعوب الأخرى.

لابد وأنه فخور جداً بنا، أتخيل بأن حاجبه الأمين طرقَ بابه في الصباح الباكر وأيقظه من نومه المشغول بمستقبل الشعب ليُريه خبر تفوق الطالبة السورية على زملائها الفرنسيين.

هذه هي الخطة، احتلونا سنواتٍ طويلةً وها نحن نرد لهم الصاع صاعين، نرسل لهم أولادنا لاجئين ليتفوقوا على أولادهم ويكسروا عيونهم بشطارتهم وذكائهم.

بيننا وبينك، وبعيدًا عن كاميرات الإعلان الغاشم، أو «الغشيم»، يجب أن نعتذر لكَ عن السباب الذي رميناه عليك مؤخرا. أنتَ تعرف بأنه جزء من الخطة.!

انتحر شاب من الفرح في السويد مؤخرًا، باع أرض بيته بعد أنْ تهدّم ليصل إلى الجنة هناك، وعندما وصل انبسطَ، وأراد عندها أنْ يكتب اسمك بالدم وبالروح أيضًا، لكنّهُ اكتفى بالدم، فمنظره على الثلج جميل جدًا، أما الروح فمنظرها جميل على صفحة السماء، ذبح الوريد وبخّ ما فيه ليكتب كلمة: «شكراً»

لقد كانت كبيرةً جدًا...

هل أيقظكَ حاجبك الأمين على هذا الخبر؟!

سمعتُ بأنك لا تتابع الأخبار، هل شاحن جوّالك أصليُّ؟

الليلة الفائتة حلمتُ بأنّ خبرًا عظيمًا كان في طريقه إليك، إلا أن بطاريتك فرُغتْ، سأرسلُ لك شاحنًا أصليًا من هنا، على الأقل ستشاهد أطفالكَ الذين تفخر بهم عندما يظهرون على التلفاز.

لماذا أرسلتني إلى الخارج، لا أستطيع النوم قرير العين كما كنتُ أفعل في سورية. جاري، محافظ المدينة الأوربية اللعينة لا يتركني أنام، يسهر على راحتي حتى أقلق راحتي، ما هذه العيشة؟!

يطلقونَ عليكَ هنا كل الألفاظ الغريبة، وأستغرب حقًا، لا يُقدّرون ما تفعله، ولا يعرفون بأنك استجبتَ لشكاوى الناس عن ضيق البلد وسوء التخطيط

فيه، وقلت لهم: «اذهبوا واقضوا إجازتكم في الخارج بينما أَنْفُضُ البلدَ وأعيد بناءه من جديد».

وبيني وبينك أيضًا، لا أفهم كيف يفكرون، لقد حافظوا على نفس الطراز المعماري لقرون؟!

لربما يغارون منا، فنحن جربنا أكثر من طراز معماري ولم يعجبنا، والآن سنجرب الطراز الروسي الحديث، وإن لم يعجبنا سنغير، ما المشكلة!

صحيح أنّ الخطة ناجحة لغاية الآن، ولكني عاتب عليك قليلاً، لماذا غيّرت طريقة قتلنا؟ الموضوع عائلي ولم يكن عليك أن تُدخل الروس بيننا، صحيح أنهم أخوالنا، ولكنْ الدم يبقى دمُ!

على كل حال أريد أن أقول إنّ «الخارج» ليس جميلاً من دونك.

الموت ومقاماته

«لا تمت ميتةً عادية في حرب غير عادية.»

تُخبرني صديقتي المريضة بزكام خفيف وعرضي أنّ للموت مقامات متفاوتة، وأنه ليس متساوياً، وأن الموتى ليسوا سواسية. ويتساءل صديقي أيضاً: «كيف ستقابل وجه ربك إذا متَّ بأنفلونزا الخنازير مثلاً!».
فتاة مسكينة ـ ليست صديقتي ـ نجتْ لسبب لا أحد يعرفُ ماهيته من قذائف الحرب، لتموت بعد أنْ انزلقت فوق قشرة موز فسقطت قتيلة. رحمها الله، لقد استحى أهلها وخجلوا أن يقولوا للجيران كيف ماتت ابنتهم، اكتفوا بدفنها وقراءة الفاتحة.

في الحرب غير العادية لا يُفضّل ولا يستحسن أنْ تموت كيفما تشاء، عليكَ أن تعلم بأن هناك قواعد وخيارات متاحة ومحددة. أن تموتَ برصاص القناص فهو خير على خير، وإن كان ممكناً فمُتْ بقذيفة في ساعة محددة من اختيارك أنت، أو في ساعة مفاجئة تماماً كأي عيد ميلاد ادّعيتَ أنكَ نسيته، فقط لترسم على وجهك علامات المفاجأة والانبهار بعيد ميلادك الذي رتّبه الأصدقاء.
في الحرب غير العادية أيضاً لا تمت لوحدك، خذ معك من يسلّي وحشتك ويشاركك القبر. أعرفُ أباً كان يخافُ جداً على أولاده، عندما ماتَ أخذ

١٩

العائلة كلها معه، هذه هي التربية الحديثة والموت الحديث، وكله في سبيل تحقيق «كواليتي» ثنائية الحياة والموت بشكلٍ رفيع المستوى ونخبوي.

لا تنتحر أيضاً، فهذه موضة قديمة، سافر من دير الزور إلى حلب بدلاً من ذلك.

«كيف ستواجه وجه ربك إذا مُتَّ شبعاناً بنوبة قلبية لكثرة الشحوم الثلاثية في الشريان الأبهر».

فعلاً هي حياة معقدةٌ جداً، وموتٌ بيروقراطي.

لا تهاجر من أجل حياة أفضل، إنما هاجر من أجل موت أفضل. وعليك أن تقتنصَ موتكَ المناسب في اللحظة المناسبة، وفي الحين الذي يموت فيه الكل بالرصاص، فكِّرْ بالذهاب والموت غرقاً، دَعْ أهلَ الحي يتكلمون عن إنجازك، ودع أهلك يفاخرون بك وبموتك.

مُتْ نظيفاً معقماً بملح البحر بدل أن تموت بالكيماوي.

مُت بارداً في ثلاجة على الطريق السريع.

مُت اختناقاً بغبار الأبنية والمدارس المقصوفة.

مُت بفطرٍ سام من غابات مقدونيا، وشارِك فطر فَطورك مع أصدقائك.

مُت وأنت تحاول أن تُنقذ طفلاً من الجفاف لأنه لم يذُق الحليب منذ ستة أشهر.

مُتْ لأنك نسيتَ الهوية، أو لأنك تأخرت في استخراج ورقة تأجيل خدمة العلم الإلزامية.

لكن لا تمُت بسبب زكامٍ اعتيادي جداً وعَرَضي.

الموتُ ليس متساوياً قطعاً، فمن ماتَ وهو يقطع الحدود الى تركيا، ليس كمن مات وهو يعبر الحدود ليعود إلى سوريا، هذه واضحةٌ ولا شك.

وبالتأكيد، فإن من مات ليس كمن رأى الموت ألف مرة دون أن يناله، واكتفى بالكتابة عنه، كأن يقول:

«إنّ الموت ليس متساوياً، والموتى ليسوا سواسية.»

أنا مقبرة جماعية قديمة

أملكُ إطلالة على ماضٍ جميل، وبوابةً حديدية بقفل صيني، ذهبيِّ اللون من ماركة «الحلقات الثلاث»، لديَّ أولاد كانوا يحبون لعبة «ليل نهار»، وعجائز من مختلف الأعمار، يشخرُ بعضهم في الليل فأُحركُ من فوق رؤوسهم شواهدهم، وأجدد مياه كؤوس أطقمِ الأسنان لبعضهم الآخر.
على وجهي عشبٌ يُذَكِّر بزغبِ طفولةِ حبهم، وزهرُ أخضر على جنبي الأيسر.

أتذكر أول رجل مرّ بي، خائفًا مرتعش الخاطر، كانَ ينظر حوله وكأنه مُقبلٌ على مصافحة مومس، تهيأ لي وقتها ـ حين كنتُ لا أعرف الرجال جيدًا ـ بأنه سيكسر القفل وينهبُ ترابي وذهبي وجدائلي الخشبية الطرية.
أتذكرُ أولَ رجلٍ مرّ بي كلما جاءتْ مجموعة جديدة من الزوّار، الرجل الأول لا يُنسى.

تراودني الكوابيس، حلمتُ مرة بأنّ الشواهد طارتْ من مكانها فهرعتُ كالمجنونة أَقلبُ القبور لأتفقدَ من يرقدُ أين. نفضتُ الخزائن كلها وأعدتُ ترتيبهم من الصغير حتى الكبير، الرجال بياسمينة والنساء بقرنفلة، أما الأطفال فكان حضورهم علامة كافية ليتغير لون التراب إلى البني الحزين، فكنتُ أميزهم حتى وأنا مستلقية بعيدة عنهم كلهم.

حلمتُ مرة بأنهم أحضروا صناديق معدنية في الليل وكنت متوجسة من صمتهم الغريب، لم يُحضِر أحدهم صندوقًا معدنيًا مختومًا من قبل، لم أعرف السر وقتها، ولكني عرفتُ بأنها ليستْ توابيت كالمعتاد، ثم أني بقيتُ أتقيأ لعاباً أصفرَ لفترة طويلة... ثم اصفرَّ جبيني.

تعودتُ على استقبال أفضل الرجال في أحسن الأوقات، لأنّ الرجال طيبي القلوب يعرفون كيف يموتون في اللحظة المناسبة.

تعودتُ أيضًا أنْ أستفيق على «ولولة» النساء أولَ الفجر يستسمحن أزواجهن، واحدة منهن ذكرتْ بأنها أخطأتْ عندما أخبرته بأنها لا تحبه، وبأنها كانت ستغادر إلى بيت أهلها، مسحتْ غبار الأحاديث المتراكمة من على شاهدته الباردة وقالتْ مطأطئة الرأس بأنها لن تعيدها مرة ثانية: «التوبة»، يبدو أن زوجها لن يرضَى بسهولة.

أنا مقبرة جماعية أحب تلاوة «السديس»، أرى الحياة من خلال سواد عباءات النساء، وبياض جلاليب الرجال، وأحبُّ أيضا رش الماء البارد على وجهي في أيام الجمعة. لكني تمنيت في ليال كثيرة لو كنتُ وحيدة مع القمر بدون نزلاء شديدي الحرص على تكرار ذات السؤال قبل النوم: «لماذا شاركني الآخرون البرميل المتفجر؟، كنتُ أود لو أنّه جاء وعليه اسمي فقط كنوعٍ من مكافأة انتهاء الخدمة.»

الكثير من «ربما» على وجبة حساء

بعد خمسة أيام من الجوع وقِطَع الخبز المنقوع بالماء، والكثير من أوراق الشجر اللّواتي لم تسقط عن أَذرع أمهاتها، وبعد أن تعودنا الضحك على مقولة «العضو الذي لا يُستخدم، يَضمر» تكشّف لنا بأن هنالك عضوًا يخالف هذه القاعدة الهزلية والحقيقية في الوقت نفسه.

الشيء الوحيد الذي سيُشحذ من تلقاء نفسه في استرخائه هو نابُ جائعْ، تقضي نومك وهو يسن جوعه بحديد هواء فمك الفارغ. تقضي يومك وهو يُلمع رأسه بلعاب جوعك الذي لا يسد رمقك ولو بلعته أَلف مرة.

تضمر معدتك التي لا تستخدمها، تضمر يدك التي لا تستخدمها، يضمر دماغك الذي لا تستخدمه

يضمر يضمر..

لحظة!

هل الناب عضو؟

ربما هو عضو بإرادة خاملة، أو بضمير متنبه، أو بلجام مشدود طالما أن هناك طعام.

ستسمعُ صوت الطائرات التي ترمي البراميل، وتتمنى لو أَنّ صفارة التأَهب للقتل الجماعي باغتَتْ جنديًا يأَكل الدبس في ثكنته، فيضع لقمة الطعام على سطح البرميل وتبقى ملتصقة ريثما تسقط بين أَحضانك.

٢٤

ستموت من الفرح...

ربما في اللقمة الأخيرة سعرات حرارية قاتلة أيضا.

اعتدتَ أن تنثر حبات السمسم على عتبة النافذة لتأكلها العصافير، في أيام مشمسة كانت رؤية عصفور ينقر فطوره الصباحي تستحق الانتظار، ويدك على قلبك لكتم صوت متعتك.

على عتبة النافذة نفسها، بالإضافة إلى النوافذ المتبقية في البيت، أصبحتَ تنتظر العصافير ويدك ممسكةٌ بحبل رفيع ينتهي إلى سلة من القش، ستمسك بالطائر لحظةَ يحط قدميه ليأكل؛ وإن أمسكته قبل أن يأكل شيئًا من حبات السمسم سيكون ذلك مناسبًا لصيد آخر.

لم يعد قلبك ينبض، على الأرجح، لذلك لم تعد تحتاج أن تضع يدك عليه لكتم صوته.

في نهاية اليوم العاشر في أرض اليباب سيكون نابك قاتلاً محترفًا بضمير ميت، وذاكرة بيضاء.

يشاركك في البيت رفاق وإخوة وجيران يتوزعون على النوافذ، ولكن لا أحد يعرف من احترفَ الصيدَ أكثر من الآخر.

يرتطم برميل بأَرضٍ مكانٍ بعيد عنكم، تفكر أنت بلقمة الطعام الملتصقة بالبرميل، ويفكر من حولك بأَشياء مختلفة:

ـ عصافير أحرق البرميل طرف أجنحتها، يمكن أن تكون صيداً سهلاً دون حبة سمسم واحدة

ـ خزانة طارت من فم البيت إلى الأرض لتتكوم حطبًا ناشفًا

ـ أسلاك نحاسية لانتْ طواعيةً تحت ثقل البرميل، قد يكون ثمن الكيلو الواحد «كذا».

ـ الحفرة التي تركها البرميل تحته، وكم جثة يمكن أن تستوعب طولاً وعرضًا أو فوق بعضها البعض.

هذه أفكار زنخة، ربما علقت بدماغ ضامر يتعفن على مهل.

ينطلق قبالة إحدى النوافذ صوتُ أحدهم لالتقاطه عصفورًا؛ تصنعون منه قدرًا من الحساء، ولأنه ـ ناشفاً ـ لا يحتمل القسمة على أكثر من معدتين ضامرتين.

ستكون حصة كلٍّ منكم صحنًا واحدًا على الأكثر.

أو ربما سيكون الحساء من نصيب برميل يهبط فوقكم؛

البرميل الذي تعود أن يكتم صوت شهوته... قبل كل وجبة.

٢٦

جوع قديم... وأشياء تشبه الديمقراطية

لا يُقلقك تركُ الباب مفتوحاً هنا والخروج حافياً كأي قطٍ مُهجنٍ تم تدجينه بعناية، تنامُ على محفظةٍ مثخنة بذكرياتِ الصعلكة والتشرد، التي تكفي للتفاخر بين الرفاق في اجتماعٍ عابر، وإن كانت أغلب الاجتماعات هذه الأيام تتم عن طريق السكايب.

يضيق عليكَ أن تضع عنوانكَ حول رقبتك، ولكن السلامة العامة الملة تفرضُ عليك ذلك، فتمشي في المراتِ المتشابهة على الموكيت الخامل انتهاءً إلى البوابة المخصية، من دون وجهةٍ أو خوفٍ من المبيت في شارعٍ أو حديقة، طالما أنّ ذكرياتك في جيبك والسماء صافية.

على كل، أنتَ لا تتوقعُ أن يكون الحال شبيها بما اعتدتُه في بلدك، ولا تتوقع سلامات تنهمرُ عليكَ لترفع حاجبيك ومعنوياتك، وضغط دمك أحياناً. أنتَ في أمانٍ عميقٍ كعتمة بطنِ الحوتِ في بطن المحيط.

تتأنق لنفسك، وتحرك عضلاتِ وجهك ـ كما يُنصح بين فترةٍ وأخرى ـ لنفسكَ، وتدخلُ إلى الحمام كرماً لنفسك، ويتأفف كامل بعد أن تفاجأتَ بأن نظام التصريف بالمعايير الأوربية يحرمك المشاركة في صنع السماد. أي خرابٍ هذا، وقلة مفهومية.

لا يُقلقك تركُ النوافذ مفتوحة، العصافير تعرف بأنك تضعُ الطعام لها بدافع الوحدة، وليس بدافع حسك العالي والمشاركة الدؤوبة في توفير زوادة أو صدقة. وهي تعرفُ بأنك لست من هواة جمع الصور النادرة، العصافير لا

تُصادق الوحيدين هنا، ولن تكسر طبعها في سبيل إزعاج وحدتك المنتظمة، من المؤسف أيضاً أن العصافير لن تُنبئك برزقٍ قادمةٍ وإن اعتصرها المغص، أيُّ عدمٍ هذا، وقلة مفهومية.

لا تخيفك عتمة شارع جانبي طويل تنمرتْ فوانيسه في وجه عاثري الحظ ممن يمرون تحتها، الفوانيس المحتقنة لأن أولاد الحارة ينامون مبكراً. ولم يعد أحد يخيفها ولا حتى انقطاع الكهرباء النادر هنا. ولا يغريك الدخول إلى كراج باصات مفتوح وأنت تدرك بأنك لن تجد حارساً يشرب الشاي ويتدفأ على نار تنكة.

المنفى وجود زجاجٍ بينك وبين العالم، لا أنت تصل إليه وتمسكُ بخناقه، ولا العالم ينتظر عطاياك.

لا يشغلك الزجاج/ الحواجز/ الصمت، إن ما تراه خلالها انعكاساتُ لحيواتك السابقة، رفاقك السابقين وبابُ بيتكَ السابق الذي لملم تعبك وأخفاه عن عيون أمك. تعود كل ظهيرة لتأكل أكلتك المفضلة، ولكن قرون البامية هنا صغيرة، مخصية هي الأخرى بإقامة مؤقتة، فما المفضل فيها!

أنت رجل تعوّدَ على البامية الكبيرة التي تخزق عينَ الذي لا يُصلي، تُثَلثُ أصابع يدك لتُكوّرَ اللقمة وتدحرجها وترفعها إلى فمك، ومنذ أصبحتَ مدجناً لم تعد تثلث لقمتك.

منفاك هو بحثك المستمر في البلاد عن قرون بامية كبيرة تحلفُ عليها، وتعزم الناس عليها، وها أنتَ تكتفي بأَن تحلم بها.

رحمة الله على ما مضى، كلما ضاقتْ عليك الديمقراطية تُلقِمُ الكلاشينكوف بقرنٍ باميةٍ تقلبُ به الموازين، لتصبح عادلة من جديد.

غريبٌ كيف لم يتطور الفلكلور لمرحلة يدخل فيه القرن الأخضر الكبير في اللباس التقليدي، لتشاهده بكل فخر على خصر كل رجل يعتد ويفتخر بمحصوله «الزوري»، ولكن الخيالات لا تطعم خبزاً ولا بامية هنا، فأي قرون هامدة هذه، وأي قلة مفهومية.

لا يُقلقك ترك الباب مفتوحا «هنا»، والخروج حافياً كأي قط مهجن تم تدجينه بعناية، ما يقلقك حقاً أن ديمقراطية العالم كله لن تسد ذلك الجوع القديم، ولن ترد الأصحاب الذين تعودت أن تخطط معهم لأفضل الطرق في ممارسة هذه الرياضة الخطيرة، مقارعة القرون الخضراء القاتلة.

الموت ينفرد بنا كما انفرد مارادونا بالمرمى سنة ١٩٨٦

إلى حبيبتي... قبل القنص وبعده

لم يقل لك أحدٌ بأنكِ أتيتِ في حرب لم ينضج موتها بعد، تختالُ بيننا الأحداث، تجيء وتذهب محمَّلةً على أكتاف القلب. لا بدَّ وأنك نسيتِ أن تُلقِّني القهوة واجباتها وأنتِ تفورين أمام شاشة الـ«فيسبوك» والمجزرة تنعي أختها.

كان يجب أن يرنَّ هاتفك في ليلة ما، ليخبرك أحدهم على الطرف الآخر، بأن قناصاً جديداً تمركز عند القصر البلدي في مدينتنا ليموت حلمك بجواز سفرٍ قد تخترقه رصاصة، وقد يرتجف عند حاجز.
لم يقل لك أحد بأن البرد لا يقتل، وأن الماء الذي لم يُسجِّل حضوره في الحارة المنكوبة؛ لا يقتل أيضاً. وكل الحزن الهجين المتكوم في علبة البريد لا يقتل. الذي يقتل هو مسافة لم يقل لها أحدٌ في صغرها: «تأدَّبي» لكي لا تتطاول، وتطاولتْ حتى أصبحت فتوّة من فتوّات الحياة تأخذ منا ما تريد ونحن صاغرو الرأس والعاطفة.
البلد أصبح أنثوياً أو قاب قوسين، الرجال ماتوا على عتبة البيت ينتظرون خبراً عن الذي خرج ولم يعد، أما الشباب فقد ماتوا وهم يحاولون القفز من فوق سور حربٍ ليشتروا قرصَيْ فلافل وعلبة سجائر وكازوزة.

الأطفال ماتوا أيضاً لأن الخوف لا يناسب الأطفال أصلاً، قرأتُ ذلك مرة في كتاب عن التربية الحديثة، الحرب لم تكن موجودة في ذلك الكتاب... حتماً.

المراهقون ماتوا وهم يحاولون التدرُّب على رمي قصيدة وإيصالها بحرفةٍ ليتلقَّفها شبّاكُ فتح فمه، أو حقيبة فتحت عبّها، أو صدرٌ باعدت شهقةٌ بينه وبين قطن القميص. الرجال الذين كبروا خلال الحرب ماتوا لأن أحدهم ـ ليس الله ـ أحد المسؤولين الكبار، اشترط على الحياة حضورها في احتياطي خدمة العلم؛ فلعب الموت لعبتَه، وانفرد بنا كما فعل مارادونا بالمرمى سنة ١٩٨٦.

نسيتُ أن أقول لك أيضاً إن الرجال الذين تراهنوا على إسقاط النظام ماتوا وهم يحاولون... لا ضير. أما البلد الذي لم يبقَ به رجالٌ، تحسَّسَ شاربَ أولاده فوقع في مأزق الرجولة الناقصة. البلد الذي لا يكترثُ لأحدٍ تركني محبوساً في الحمّام لأكتب هذه القائمة لشعبٍ سيطلب الحساب عندما يغادر الطاولة، والتاريخ سيطلبُ نسخة أيضاً، لذلك على أحدهم أن يكمل هذه الحسبة. لو أنكِ فقط لم تجيبي على هاتفكِ تلك الليلة، لشاركتكِ الصباح ولذهبتِ ساعتها لتستخرجي جواز السفر ولقلتُ لكِ:

أحبكِ قبل القنص وبعده.

أولادي وأنا ننتظرُ أمهم

سننجبُ أطفالا أنا وحبيبتي، يتجمعُ حولهم الغرباء ويخطفون رائحتهم قبل أنْ يغادروا مُرغمين لالتزامهم بأجندة أعمالهم، وفي المترو ستبكي فتاة تمسح كحلها بِكُمِّ قميصها ثم تبتسم لأنّ ركلةً هزّتْ مشاعر رحمها. الأطفالُ يبكون لأنهم لا يعرفون كيف يقولون كلمة «أحبك»، ولذلك عندما يبكي أطفالنا سنصغي كأننا نسمع لحنا جديدا أو لغة جديدة لنتعلم ونحفظ، أما الغرباء فسيتشاغلون باللوحات المترامية على الجدران وصور العائلة.

سننجبُ أطفالا يتكلمون لغات العالم كله، لأنّ خالتنا «الحياة» ضعيفة البصر. قد لا تنتبه إلى أحلامهم وقد لا تُراعي حُمرة الورد في خدودهم، لذا سيتحايلون عليها بكلام الغزل الفرنسي، ودبلوماسية الخطاب الإنكليزي، وشقاوة الجمل التركية المفككة.

خالتنا «الحياة» مثقفة جدًا لذلك لا تنتبه إلا للأطفال، الذين يرتقون لمستوى تفكيرها ودهائها، ولربما سيتحايلون على الموت أيضًا فيترك أطفالنا ويأخذنا عوضًا عنهم. ويدفنوننا تحت شاهدة تقول: «يرقد هنا من علمنا لغة الحياة لنتغلبَ على صمت الموت».

شهادتنا مجروحة بالموت على كل حال، اسألوا أحدًا غيرنا.

٣٢

نريد أن نُربّي الأطفال وننشغل بوجع آذانهم الوسطى الحساسة، وأسنانهم اللبنية، ومساطرهم الزهرية ذات البوصلة. أو أم أربعٍ وأربعين سناً صغيراً لسطور الزينة. نريد أن يكون هدفنا في الحياة مدرسة جيدة وعلامات عالية، والتفوق على أولاد الجيران والأقارب، وفي النهاية التفوق حتى على أنفسنا. نريدُ، حبيبتي وأنا، أنْ نشد آذانهم، ونعلمهم الأدب والالتزام بالوعود والصدق لكي لا يدخلوا النار ويجعلوا ـ بقصدٍ أو بغير قصدٍ ـ التراب الذي تحتَ أقدام أمهم، أقصد حبيبتي، بائراً.

نريدُ أن نعرف كيف نخرُج من المتاهة هذه بانتصار واحد، نحن الذين أحسنّا الظن بالعالم و لكن العالم لم يُقدِّر ذلك فحفر لنا حفرة اسمها الحرب، وأخذ يلوِّحُ بنا وهو يمسكُ بأُذن سذاجتنا.

إذا كانت الإبادة تبدأ بقتل إنسانٍ واحد بغير حق، فإن البشرية كلها تبدأ بطفل وحبيبته في مدرسة جيدة وأصدقاء حقيقيين لا يقضون وقتهم على الفيسبوك، والنقش البناء الافتراضي المحكوم عليه بالبقاء نقشاً لا يُقرأ ولا يُغيّر.

أريد طفلاً واحداً لأربي به الحياة، في نفس الوقت الذي أقضي فيه حياتي وأنا أربيه.

كل هذه الأشياء الرائعة وأكثر أُسطِّرُها في أجندتي، وفي النهاية، تحتَ سطرِ الزينة ذي الأربعة وأربعين سناً، الذي أرسمه بمسطرة زهرية آخر الصفحة، أكتب:

عليَّ أنْ أجد أمَّهم أوّلاً.

لستُ أكتب التالي لأنني اشتريت الأسبوع الفائت قمصانًا داخليةً لأول مرة في حياتي، ولا لأني لم أعرف قياسي عندما سألتني البائعة، ولا لأنني أشتاق إلى الغسيل الأبيض الذي كان يتلون بالأحمر أو الأزرق عندما تُغافل أمي قطعةٌ من وجبة الغسيل الملونة، وتبقى مختفيةً وملتصقة بالحوض المعدني. بل لأني بردانٌ، وتكسوني ملابس جديدة لا أعرف صاحبها، ولا تحمل جيوبها ذكريات وقصاصات وأوراقًا ثبوتية، أو وصول أمانة يجب أن تعود الى أصحابها في أقرب لقاء تالٍ.

ليس لأننا فقراء، ولكن حبًا بالتواصل أو استخسارًا لرمي الملابس. الأهم من ذلك كلّه تناقل التاريخ بشيء يشبه تمامًا التاريخ الشفهي، المسموع أوالمكتوب والمرئي. شيء يجعلنا نستقبل الملابس من العائلة والأصدقاء أو نطلبها صراحة دون خجل، فلا شيء يضاهي معطف أبيك أو قميص صديقك أو حذاء أخيك.

على كل حال نحن نحبُّ أن نضع أنفسنا في أحذية من نحب، لنعرف مشاكلهم كما يقول المثل الإنكليزي.

وبالعودة إلى القمصان الداخلية، فنحن عائلة تنقسم فيها القمصان الداخلية إلى قسمين:

الأول، يخرج من الغسالة ويتشاركه أبي و أخي، فكلّ منهما ضخم الجثة، طويل عريض المنكبين. والقسم الآخر، يعود لي ولأخي، النحيلين.

ولا حاجة لأن تكون في البيت نفسه لتتشارك البياض مع قرينك، يكفي أن تذْكُرَ في إحدى مكالماتك الهاتفية بأنك تحتاج شيئًا من ذلك ليأتيك، ملفوفًا بكيس أسود، ومصلوبًا داخل شريطين من اللاصق البني العريض.

هناك دائما من يشتري، إلّاكَ، فأنت صغير ولست قادرًا على صناعة التاريخ، إنما عليك عيشه أو ارتداؤه ريثما تزداد حنكة وتصبح مؤهلاً للتسوق!

لذا فإن أول مرة اشتريتُ فيها قمصانًا داخلية، كانت كبيرة فضفاضة، أرجعتها وقلت للبائعة بأني أريد غيرها، وبعد أن أعطتني غيرها، وضعتها على بدني فكانت صغيرة، فعدتُ إليها وسألتها: «ألا يوجد عندكم شيء على مقاس أخي؟!».

في البلاد البعيدة الباردة، تعيد تكوين نفسك وتعيد تقييمها أيضًا. أنت أبطأ مما كنت عليه لأنك لا ترتدي حذاءً أخيك، وأنت أضعف مما كنت عليه لأنك لا ترتدي معطف والدك، أنت أكثر عرضة لنزلات البرد لأنك لا ترتدي قميص أخيك الداخلي الذي يعرف كيف يلتصق بك ويداري غربتك. أنت أبيض ناصعٌ، مزعجٌ دون ألوان أمك التشكيلية التي تأتي بمثابة البصمة العائلية المميزة.

الموضوع ليس غريبًا جدًا، خذ اللغة الألمانية، هناك المثل القائل ما معناه الحرفي «نحن نلبس بعضنا البعض»، وإن كان يُقصد بالعبارة المستخدمة الحَمْل، أو التشارك في تخفيف الحمْل. ونحن نفعل ذلك أيضًا، ولربما بشكل أكثر جمالاً. فنحن نحمل مشاكل بعضنا بعضًا، ونلبس مشاكل بعضنا بعضًا، ونلبس ذكريات بعضنا بعضًا، ونتناقلها من جيل إلى آخر.

كان أحد اصدقائي يحلم منذ سنينَ بأن يحصل جدُهُ على «فروة» أخرى، فيهديه الفروة التي يرتديها، ليتّكئ عليها في المضافة فيصبح مثل جده أيضًا، فارسًا يحارب البرد، ويقفز إلى مصاف الأجداد العظماء الذين يستطيعون أن يغمروا عشرة أحفاد بحرارة. صديقي هذا ما زال يرمي نفسه تحت البطانية ولا يعرف ما هو الدفء.

أنا من ذلك الشعب، بتاريخه الملبوس الذي لا يحب الأبيض في كل شيء، من الشعب الذي يشرب اللبن مخلوطًا بالثوم ومائلاً للصفرة.
أنا من الشعب، الذي يشتري كل شيء جديدًا، ولكنه يُفضّل أن يكون قميصه الداخلي سماويًّا مثقوبًا، وعليه ذكرياته العائلية.

كذّاب بنجمتين

تعيش في تركيا الآن... لا بأس بذلك

أصبحَ المطر المزاجي هنا يُبلل أخبار وطنك المتناثر فتصلك منفوشة، وطغى ضجيج الازدحام هنا على صوت ارتطام البراميل هناك. لا بأس بذلك أيضًا!

أنت إنسان كما يبدو، عندك ما يكفي من الهموم والتعب والأرقام التسلسلية الفاضحة، تجُلجل كالخلخال كلما دخلتَ إلى البناية متأخرًا، أو.. جاءك نازحٌ كُسرت عجلات حقيبته التي نجى بها من الموت وأخذ يجرها بما لا يكفي من اليأس.

أنت إنسان بما يكفي، تهتم بالشهداء وأخبار المونديال واختراع طرق لحجب طلبات المزرعة السعيدة ومتابعة آخر أخبار أجهزة كشف الكذب وتحديثاتها. نسيت مرة بطاقة المترو، فلم تستسهل أن تطلب من أحدهم أن يقطع تذكرة لك، فأخذتَ تمشي مبتعدًا عمّا شعرتَ به كموقعٍ للجريمة.

نقص الكالسيوم في عظام لغتك الجديدة جريمة أيضًا!

فرصة شعبك ومخلّصهم الأبدي أنتْ.

عندما سمعتَ إشاعاتٍ عن أولاد قومك بأنهم يشحذون، حلفتَ يمينا بأنكم من عائلات نبيلة تأبى التسول، ثم نظرت إلى الله لتسألّه «لماذا اضطرتك الحياة للكذب».

انحنيتَ للسيدات هنا وقبلتَ يد كل كبير كأنها يد جدك الذي تحب، وقلتَ لهم: نحن مثلكم، تعالوا عندنا مرة واحدة وسننتقم لكرمنا المغدور بكل ما أوتينا من وسائل.

تناسيتَ كم كفًا صُفعتْ عُملة بلدك الدرويش من يد الدولار الواسعة، مؤلم ذلك الحديث...

أصبحتَ تتجنب المقارنات طالما أنّكَ لستَ أمًّا تُدافع عن طفلها وتَفوُّقه المغشوش.

أنتَ إنسان كما يبدو... لا بأس بذلك يا رجل

سردتَ ما تحفظه من كلمات فرنسية وإيطالية عندما قالوا لك بتركيتهم: مساء الخير «إيي أكشاملار»

فقط ليعرفوا بأنك متنور ومتعلم: «أنشانتيه سواريه ماتينيه وبون أبتيت لاموغ»

أفواههم المفتوحة إعجابا كانت تستحق...

أنتَ الآن كذّاب بنجمتين:

واحدة لأنك محترم زيادة عن اللزوم، والثانية لأنكَ قلتَ بأن كل الفتيات هنا جميلات، مع أن الجمال هرب عندما نام الأصل مع أكثر من عِرْقٍ في سرير واحد.

فرصة شعبك ومخلّصهم الأخير أنت.

لم تقل لأحد: «تعال، هنا أرض الفرص» فحسب

التزمتَ بالأهم فالأهم فقط.

من كان منكم بلا خطيئة فليرمِ الماضي بحجر، وليأتِ مُحَرّماً بالاحترام ورائحة الفم العطرة، أو ليبقَ هناك مع الذين سيذهبون إلى الجنة مباشرة دون إقامة مؤقتة في الجحيم.

مارفل، رأسًا على عقب

بالرغم من سرعته منقطعة النظير وملابسه الداخلية التي قرر مؤخرًا أن يرتديها بشكلها اللائق؛ تحت البنطال الضيق، إلا أن رداءه الأحمر أصبح علامة فارقة في سماء المدينة، البراميل التي تساقطتْ بعفوية فاضحة لم تكن حبكة المشهد، كانت حجارة تتطاير من أيادي الناس كلما مر خاطفًا بياضَ عيونهم، مذكّرًا إياهم بالدم الذي غسلوه للتو...

انفجر برميل وهو يسقط على مهله من الضحك، الغطاء أصاب سوبرمان بـ«عُجْرَةٍ» في رأسه، وما تبقى من البرميل أصبح حاوية للكريبتونايت.

عندما عبرَ حارتهم يمشي الهوينا واضعًا يديه في جيوبٍ خِيطتْ حديثًا، شعر بالغربة، لم يعتد المشي كثيرًا ولم تلزمه جيوب من قبل.

جزمتـه بعنقها الطويل لم تمتط الريـح منذ ردح من الزمن، أهل الحارة همسوا فيما بينهم بأن رأسه الأحمر وعيونه المشوهة صنيعة النظام:

«اعتقلوه و كسروا شوكته».

أهل الحارة أيضًا همسوا فيما بينهم بأن الخطوط المتورمة على ظهره وصدره ليست إلا ضريبة دفعها لداعش عندما مر مشيًا على الأقدام بالقرب منهم:

«عاقبوه وقوّموا شوكته».

الرجل العنكبوت لم يجد بناية واحدة ليلصق شباكه عليها فيتقافز جيئة وذهابًا وينقذ الناس، لم يجد عامـود كهربـاءٍ واحد ليتدلى منه ويقبل فتاة ممهورة بالأسود برغم بياض قلبها.

اكتفى بالمشي ويداه في جيوبه المحدثة وجزمته طويلة العنق مغموسة في الطين.

عندما صاح الراديو الخاص بالصليب والهلال الأحمرَين، ونجمة داوود الحمراء، بأسماء الله الحسنى والتكبير والتكفير لكثرة من طُمِر تحت الأنقاض، خرجَ المنقذون والطير على رؤوسهم يتراكضون إلى محل الواقعة. الرجل الوطواط نسي قناعه المقاوم للغاز فمات متأثرًا باصفرار النوايا... المنقذون عادوا ليرووا بطولته.

غضب «هالك».

عبّرَ بانكيمون عن قلقه، وعلم الجميع أن خرافة الكيماوي حقيقية. وحده «ستان لي» أشار إلى الفاعل في برجه العالي على قاسيون، البقية غضبوا ولم تتحسن عيوب ولاداتهم الأخلاقية.

المرأة القطة، «ستورم»، المرأة الخارقة، «مستيك»، وأخريات كثيرات لبسنَ الحجاب وجلسنَ ينتظرنَ نصيبهن...

إلى ذلك الحين يجتمعن، يعقدن الحلقات النسائية، ويطالبن بحقوق المرأة.

استلم «ماغنيتو» فيزته إلى السويد قبل بدء معركة بابا عمرو بأيام.

لو أن طابع الإيدز سقط منه سهوًا، وتعرقلت الفيزا، لكانت الأسلحة المعدنية تطفو في سماء حمص، ولكان المتخاصمون يلوحون لبعضهم بوفاضٍ خالٍ.

رأوا «وولفرين» يجلس على يمين أمير أرض الخير، يدخن سيجاره العتيق ويشحذ سكاكينه قبيل تنفيذ عقوبة السارق على الجائع، في حين أن «كابتن أمريكا» الذي انتخب عضوًا في الائتلاف، ذبح للناشطين أربع دجاجات غير حكومية وثردها في بطن درعه ليتعاونوا عليها ويُصلّوا على الموتى جماعة واحدة.

وحده وائل قيس الذي باع نظارته الشمسية واشترى سوزوكي، يعرف أن «مارلين مونرو» إمرأة خارقة نزلت في زمن عاطل، لو أنها هنا لكنّا رأينا جانبها الخارق كلما هبّت رياح التغيير، عندما روى لي وائل كيف أتته في الحلم تخبره بأربعين حرب عجاف، شرعتُ أكتب:

«نحن خارقون على الورق، كما لو أننا يتامى مارفل رأسا على عقب.»

بدون ملابس داخلية تحاول الطيران

أين هو البرج العاجي الذي يمكنُ أنْ تختبئ فيه من كل هذا الموت؟!
أين هي البندقية التي تطلق رصاصًا من فمها ولا يحشو مؤخرتها قطنُ
مبلولُ بزيت السياسة، فينزلق كل شيء عن مساره؟!
أين الدراجة التي ستركبها لتعبر القارات بدون فيزا، أو على الأقل من حارة
إلى أخرى، دون التفكير في تبديل الانتماء والعقيدة؟
ماذا حل بالمدن وحاراتها الموغلة في التفرع والاحتمالات؟!

عندما علمتُ بأن صديقًا آخر سافر من البلاد ليتركها أكثر برودة مما هي
عليه، علمتُ بأن باص السفر الحافل بالخوف سينفجر بمنظر الخواء المتروك
خلفه، نزلتُ وعدتُ إلى المنفى الاختياري، القفص الذهبي أو عالم «الفيكشن»
الذي لن نصل إلى الحلقة الأخيرة منه أبدًا، طالما أنّ المخرج ينامُ على سفح
الجبل ويسيلُ لعابه على كل مشهد.

إذا شعرتَ بأنك عارٍ يحومُ حولك ألفُ مغتصب بأفكاره المسنونة، ابتسمْ،
أنتَ على وشك أن تكونَ علامة فارقة في مجلد صور هذا العالم المتستر على
جرائم لا تحصى.

لم يعد أحدهم يبذل عناء ترديد «٣،٢،١» قبل أن يلتقط صورة. تجده أخذ صورتين أو ثلاث ليُذكرك حينها أنْ باستطاعتكَ أن تبتسم.

لم يعد أحدهم يحرك شفتيه «٣،٢،١» ليقتل قتيلاً أو ليُنْضَمَّ إلى جنازة أو ليؤازرَ حلماً ميتاً.

استبدلوها بكلمة «يا الله».

أصبح الله يسبق كل شيء، القتل، العمل، اللعب، السباب، التهديد، الوعيد، الأناشيد والمواعيد. وليس بشكل مناسب كما يمكن أن تعتقد...

حتى أن الفيفا أصبحت رويدًا رويدًا برعاية الله، وإلّا كيف تَرى انتقالها إلى قطر؟! بقيتْ «رويدًا» واحدةٌ وتنتقل إلى المدينة المنورة.!

«اضحك»

تذكّر بأن الهواتف التي نعتْ إليك أسوأ الأخبار، كان فيها ضحك هستيري وإنْ كان من العجز.

تذكّر بأن القاتل المتسلسل صاحب الرقم الأكبر على مر التاريخ، تاريخنا على الأقل، يجلس الآن على سفح الجبل ويأخذ سلْفِي لنفسه «كلما سقط برميل وطار شهيد.»

كلما طارت طيارة تجده يركض إلى إحدى النوافذ ليضع يده في الهواء لتبدو الطائرة في الصورة وكأنها بين أصابعه الصغيرة، أو تحط على راحة يده، أو كأنّ سربًا من الطائرات يُزين رأسه كتاج من الغار.

ينقع الصور وينشرها على حبل الغسيل فوق الجبل لتنشف ريثما تخطر بباله الخاطرة القاتلة التالية.

أما الأغبياء، نحن، الذين هربنا، فقد كانت أكبر متعنا أنْ نحشرَ خوفو، وهرمَهُ، بين أصابعنا وكأننا عمالقة، ويتضح بأن العملقة تحتاج مجهودًا من نوع آخر... من نوع خاص جدًا.

اسألْ نفسك، هل أنت متأكد أن اختيار الجبل كان لأسباب استراتيجية بغرض الحماية، أنا أشكُّ!

السلفي، الأنا، الغرور، جنون البقر والعظمة، التقاط إشارة خليوية أفضل، الإنفراد بالذات، ملاقاة الله، ومراقبة طرفي معركة محتدمة يقتتلان تارة بالأظافر، وتارة بالكيمياوي، والضحك على رجال تموت ورجال تصطنع الموت من بعيد جدًا، وبعدسة مقربة عملاقة....هذه هي الأسباب الحقيقية وراء اختيار الجبال.

«اخترْ جبلك المفضل»

إرحل إليه إن أمكن، وخذ معك قلماً وورقة وكاميرا، ورصاصات لبنية، تستطيع التحكم بكيفية سيلان لعابها لاحقًا. كلُّ قاتلٍ مسؤول عن رصاصاته، وكل الرصاصات لا بد أن تشبَّ عن الطوق، وتُصبح عبئًا تتخلص منه عندما تطلقها طائشة أو متعمدة.

لا بد وأنك لن تفهم كيف لأربعة أطفال أن ينتقلوا من هذه الأرض إلى تلك السماء ويتبخروا وهم يلعبون كرة القدم.

لن تفهم لأن الملائكة لم يكن لها دور هذه المرة، ولم يكن لبابا نويل أيضًا يد في الموضوع، لأنه لم يذهب إلى تلك الأراضي مذ فُرِضَ عليه استخراجُ فيزا سياحية أو تجارية ليُسمحَ له بالعبور.

الأطفال الأربعة كانوا يركضون خلف كرة القدم، وبعد قليل صاروا يركضون أمام رصاصِ الغارة الإسرائيلية.

على الشاطئ، لم يبق على الرمل إلا أثر الهدف الدموي الذي حسم اللعبة وأجَّلها إلى موسم لن يأتي.

هل فهمت الآن كيف يتبخر الأطفال هذه الأيام؟!

دع الضحية تُقبِّلُ من تحب

١

٢

٣

دع الضحية تخبئ ما تحب، أو تشرب ما تحب

١

٢

٣

اجعلها تعتقد بأن السورة الصغيرة التي سوف تقولها بشكل خاطئ على عجالة، سوف تنقذها من السقوط عن الصراط.

٤٦

١

٢

٣

١

٢

٣

ماذا حدث للإعدام الميداني وكلمات الاستعداد والتأهب والتلقيم والتصويب والتسديد؟

هل يفترض بأحدهم أنْ يرحل بهذه السرعة بدون «٣،٢،١» وابتسامة ساخرة تعطي المشهد رؤية إخراجية مؤثرة؟

ها أنتَ تريد أنْ تموتَ مبتسمًا مع إشاراتٍ تبشيرية وإضاءة خافتة وموسيقا طبول رفيعة المستوى.

تحب السينما والمشاهد المعتمة ذات الإضاءة الخافتة، لطالما اختليت بشاشة الكمبيوتر، فقط لتصل تلك اللحظة التي يخرج فيها الأبطال من الزوايا ويبقى الشارع الطويل مرسومًا على الشاشة، ووجهك كانعكاسٍ كبير على الأرصفة الهامشية...

أنتَ لست وحيدًا بفضل التكنولوجيا، ويا لفرحك بنفسك حين يخيب أملك بكل شيء.

ها أنت تجلس على كرسي الحمام الناعم وشيء كالشوك ينخزْ... وكل ما تريده هو أن ينتهي ألمُ هذا العالم.

لربما من الأفضل لك أن تخرج من الحمام راكضًا عبر ممر البيت الطويل، لتقفز من النافذة عاريًا، تحاول أن تطير مبتعدًا بدون حبلِ الأخبارِ العاجلة الذي يشدك إلى حيث تكره.

١

٢

٣

...

مقطع من شهادة متطرفة جدًا

في الممر الطويل أغمضنا عيوننا.
وحدها القطة شهدتْ علينا ونحنُ نقترف قبلة
الممرُّ ذو المترين ونصف المتر، حملَ طيفًا لما كان ممكنًا حدوثُه وتخيُّلُه.

شهادة ١

لم تكنْ جريمة من الدرجة الأولى ولم أنو ذلك
كنتُ أحاول أنْ أستحوذ على أكبر قدرٍ من العاطفة وأبتلعها
أنْ أخبئها ربما كما حيوان يخاف الصقيع

شهادة ٢

خرجتْ حبيبتي أولاً
كان مدخل المبنى خاليًا، تأكدتُ من ذلك، لم تصرخ إحدى الجارات على
الأولادْ
خرجتْ القطة تقضي شؤونها، تسربلتْ العاطفة بينما كنتُ أغلقُ البابْ، أنا
الذي بقيتُ لأن عاطفتي تخلفتْ عن خدمتي الإلزامية

شهادة ٣

حبيبتي ذابتْ تحتَ الشمس، وجدوها تهطلُ بعد يومين على مظلة في مدينةٍ لا تكترثُ كثيرًا للمطر، والقطة التي خرجتْ لم يكن لها أولاد، هي لم تكن معجبة بالقبلة فحسب.

شهادة ٤

القطة حكتْ لجثةٍ عن القبلة، وعن الرائحة التي انبعثتْ من شال الفتاة حكتْ الجثةُ لصديقاتها، فأصبحن كلهن شاهدات على قبلة المر المدينة التي انشغلتْ بالسياسة صباحًا أمستْ تُكثِرُ الحديثَ عن ممرنا الشوارع الجانبية لم تعد مقفرةً كعادتها، هناك قطط تشهد على شيء بين حين وآخر

شهادة ٥

أنا الذي بقيتُ في الغرفة لم أشأ أن أصدّق الشائعات، بقيتُ أدّخِرُ عاطفتي

ملابساتْ

حواجز المدينة تكاثرت واحترفتْ البحث عن ممراتنا، القطة التي خرجتْ
تبّنتْ في طريق العودة كلبًا أعمى، أخذتْ تحكي له. حبيبتي تبخرت مرة
أخرى وهطلتْ مرات أخريات، المجنزراتُ المنثورةُ بين مدينة وأخرى تقابلتْ
احترامًا لرائحة شالها وشعرها وعاطفتي. المجنزرات المنثورة مازالتْ
تمُارسُ تقاليدها، تقصفُ وتدعسُ وتبتسمُ للكاميرا ثم تقول:
«ممنوع التصوير، هنا الوطن منطقة عسكرية»
القطط التي كتبتْ وصاياها لم تذكر شيئًا عن القبلة.
القائد الشجاع، التحفَ ممرًا وراح يُقبِلُ نفسه ويصلّي على النبي بتلعثم!

ملابسات

في المر الطويل المفضي إلى القصص العتيقة
قطةٌ شهدتْ عليَّ وأنا أَقترفُ قبلة
وأنا أخافُ من قبلةٍ تقترفني في حلمٍ دون حبيبة
«أين قطتي؟!»
«الآن هكذا!»
أقول لنفسي وأنا أتخيلُ ممرًا فاجأَته قذيفة متطرفة.

ماذا حلّ بالطيور اللاجئة؟

لستُ لاجئًا في بورغنلاند، وإن كنتُ كذلك وفقًا للورقة الخضراء المؤقتة التي استلمتُها أولَ وصولي هنا، إلا أنني لا أشعر بذلك فأنا أعرف المحافظ، توقفَ بسيارته وأوصلني وأنا في طريقي إلى محل السجائر ولم يقل لي وقتها بأنه المحافظ، عرفتُ ذلك لاحقًا.

أعرفُ عمال النظافة والجيران وقطهم «برونو» وأعرف مجنونة القرية، التي اعتادت على رؤيتي وبدأتْ مؤخرًا بالرد على تحيتي. المسكينة، ماذا سيحصلُ لها بعد أنْ أسافر بعيداً. وأعرفُ السكارى الذين يقتربون مني في الماركت وينصحونني بأن أشتري البيض العادي بدلاً من ذي العلامة الخضراء لأنه مرتفع السعر ثم ينسحبون بكل هدوء ليشتروا لأنفسهم بيرة جديدة.

لستُ لاجئًا في بورغنلاند إلا أنني أحاول من باب الحيطة، بأنْ أحفظ الرقم الاجتماعي الذي أعطوني إيّاه هنا غيبًا وأرددُهُ قبل النوم أحياناً، مع أنني لم أحفظ رقمي الوطني في سوريا أبداً، أحاول ذلك لأنني أخاف يوماً ما أن يتغير اسمي لصعوبة لفظه فأبدأ بترديد رقمي كلما عرّفتُ عن نفسي لأحدهم.

كان من الأفضل أن يكتبوا على الورقة الخضراء بأنني يتيم فقدتُ بلدي في حادثة قُيِّدتْ ضدّ مجهول حتى هذه اللحظة، ورميتُ بنفسي في حضن أول وطن حنون وجدته في طريقي.

في طريقنا لإحدى النقاط الساخنة الحدودية، بين النمسا وهنغاريا، كنتُ أحاول أن أشرح لصديقتي الصحافية، القادمة من سويسرا والتي أرادت تصوير أحوال اللاجئين هناك، بأنّ الطيور تهاجر من بلد إلى آخر هربًا من الشتاء دون فيزا، فلماذا نحتاجها، نحن الذين هربنا من ربيع تسلل إليه كل برد شتاءات العالم.

أعرفُ بأنّ الفصول لا تتساوى ولكن الهروب واحد.

سألتُ صديقتي إذا كانت الحكومة قد سجّلتْ بصمة أجنحة العصافير القادمة من البعيد؟

لم تفهم صديقتي بأني كنتُ أقترحُ وضع الطيور في كامبات لحظة وصولها وفرزها وتوزيعها على المقاطعات بالتساوي كيلا يسببوا ازدحامًا وتضييقًا على الطيور الأصليين، الذين لم يعرفوا في حياتهم طعما للأوراق الخضراء المؤقتة.

الطريق من الكامب إلى محل السجائر مشيًا على الأقدام وفي طقس جميل ٢،٧ كلم، وقد يصبح أطول بكثير في الشتاء.

الطريق من الكامب إلى الطبيب ٦،٦ كلم.

الطريق من تركيا إلى اليونان ٢٥٠ كلم.

الطريق من اليونان إلى النمسا ثلاث أشهر وليلتين.

الطريق من باب غرفتنا إلى باب صاحبة الكامب التي لا تعرف الابتسام ٥٠ متراً.

أما الطريق إلى حفل عيد ميلاد أحد الأصدقاء أو إلى دعوة على الغداء من قبل أحد الجيران فهي الطريق الأطول على الإطلاق، لأنني بصراحة لا أملك ثمن بعض الورود أو ثمن زجاجة شراب لأدخل بها على أصحابي.

كان عليّ دائما أن أشرح لكل من ألتقي به بأنني لم أحتفل بعيد ميلادي إلا نادرًا، وبأننا لا نحتفل بأعياد الميلاد كثيرًا، وبأنني منذ خرجتُ من سوريا، أصبحتُ أغلق صفحتي على الفيسبوك، كلما اقترب يوم ميلادي، لكي لا يحرجني أحدهم ويقول لي: «كل عام وأنت بخير» فأنا لستُ قريبا من هذا «الخير». أنا بعيد منذ أصبحت كل الأمور تُقاس بالكيلومترات ومنذ صار لقاء أهلي وأصدقائي مسألة حسابية معقدة.

بدأت بتكلم الألمانية بعد انقضاء الأشهر الثلاث الأولى من إقامتي في الكامب، ولكنني كنت أترك قدرتي على الكلام في الغرفة قبل أن أخرج وفي نيتي أن أركب الباص لأذهب لشراء شيء ما من المدينة المجاورة. كنتُ أعرف بأن السائق سيستشعر دون الحاجة للغات العالم بأني لا أملك نقودًا زائدة عن حاجتي لأدفع ثمن التذكرة، فيُشيرُ بإصبعه لأجلس دون أن أدفع وأضعُ أنا يدي على قلبي تعبيرًا عن امتناني.

بعد أنقضاء أشهر أخريات حصلتُ على بعض النقود وعدتُ إلى السائق لأعيد له عشرة يورو تعويضاً عن المرّات التي ركبتُ فيها الباص دون شراء تذكرة، لكنه لم يأخذها مني، رغم إصراري.

طريق اللجوء بحد ذاته ليس صعباً، لأني مشيته وأنا صامت، وإن تكلمتُ فإنّ كل ما كنتُ أقوله لنفسي أو لأخي: «غداً سنصل، لم يبق لنا سوى القليل، أنا جائع، أنا بردان، هانت بعض الجبال وننتهي»

اللجوء هو الاغتراب في اللغة وعدم معرفتها، أو أن ينتهي قاموس كلماتك التي تعرفها من لغة البلد الذي انتهى طريقك إليه.

نزلتُ، في أحد أيامي الأولى في بورغنلاند، إلى محل السجائر وسألته بالإنكليزية عن موقف الباصات، ولكنه لوّح لي بيده مشيراً إلى الباب لأخرج. عدت مشياً إلى الكامب مسافة ٦،٦ كلم طويلة.

كنتُ متأكدا من أن الرجل صاحب المحل سينسى مروري فور خروجي من عنده، بعد قليل من الشتائم أو الانتقاد الحاد لأزمة اللاجئين، فأنا وقتها لم أكن سوى لاجئ غريب اللغة بكل ما تعنيه الكلمة.

رجعتُ إلى المحل نفسه بعد أشهر، وهذه المرة لم أترك مقدرتي في تحدث اللغة الألمانية في الغرفة، وضعتُ ما حفظته أمام عينيّ متجهزاً للانقضاض على الرجل صاحب محل السجائر فور وصولي ولكني لم أملك وقتًا للانقضاض عليه حقيقة.

بعد أن خرجتْ من فمي كلمتان اثنتان باللغة الألمانية، استوقفتني ابتسامته العريضة التي لم تترك لي مجالا لأكمل حديثي وخرج فوراً من خلف طاولة

البيع، وانقضَ علي وهو يربتُ على كتفي ليكيل لي المجاملات عن طلاقتي في اللغة، وإن لم تتعدَ كلمتين اثنتين فحسب. أجابني عن سؤالي وأرسلني في طريقي.

الطريق من باب غرفتي الأخيرة إلى باب غرفتي الأولى ٣١٥١كم انظروا إلى أين وصلتُ وكم من المسافات قطعتُ في حياتي.

أحسدُ الطيور لأنها ترفرف ببساطة من مكان إلى آخر، وأحسدها لأنها لا تتعلم لغة كل بلد تذهب أليه، وبالتأكيد أحسد طائر اللقلّق الكبير الذي يعيش فوق مبنى البلدية في «أوبرشوتسن» ويغيب لأيام دون أن يُبلّغ السلطات عن وجهة سفره.

الجدّات يركبنَ الدراجات الهوائية هنا ويستخدمنها في الصباح الباكر ليزرن الطبيب أحيانًا. بعضُ نساء القرية يتنزهنَ مع كلابهنّ بإنتظام، ولكنّ الشيء الجديد الذي تعلمتُه من جارتي، التي احتضنتني وسمحتْ لي بأَن أَسكن عندها، بأَنّ الكلاب لا تمشي بشكل عشوائي لقضاء حاجاتها، إنما تقرأ العشب بأنوفها كما أقرأ أَنا الجريدة، وتعرف بشكل مدروس أخبار كلاب القرية والكلاب الغريبة التي مرّتْ بشكل عابر من القرية.

أنا مثقف أعيش في قرية كلابها مثقفة.

المسافة من «اوبرشوتسن» إلى مدرسة اللغة الألمانية ٧٫٩ كلم.

عندما كتبتُ أُول رسالة إلى أَصدقائي في سويسرا، وقعتُ الرسالة بتحية «حيث نهاية العالم، وثلاث أَميال أَبعد»، كانت المسافات آنذاك كبيرة جدًا

وكانت القرية الصغيرة آنذاك نهاية العالم فعلاً، واعتقدتُ بأنه لن يكون هناك بدايات بعد هذه الإقامة الملونة بالصمت والموسومة بالعزلة.

لا أملكُ الكثير من الوقت في هذه الحياة الجديدة، وعندي الكثير من المسافات التي يجب عليّ أن أقطعها، مشياً على الأقدام أو باستخدام الباص، برفع يدي للسيارات العابرة من على زاوية الطرق، باستخدام القطار، بتذكرة أو من دون تذكرة، باستخدام الرسائل الورقية أوالبريد الالكتروني. ولكني أوقّعُ الرسائل الآن بتحية «من بداية العالم الجديد»، ريثما أسترد عالمي الأول، عالمي الذي كان يتكوّن من غرفة تبعد مسافة بضع أمتار عن عائلتي.

حكمة آخر العنقود

لا بد بأنها جميلة، رشيقة وطرية، الفكرة التي ستشغلُ كل تفكيري وأنا جالس في انتظارها.

يسمعُ الله حديثَك معه وهو في الغرفة المجاورة، أو في الشقة التي تعلو رأسك، تُكمل حديثَك وتكمل انشغالكَ في تحضير صحن الباستا لكليكما.

تنتهي من ترتيب الطاولة ولا ينتهي الحديث، يبدو أن قصة الخلق طويلة جدًا، أكثر مما تخيلت، ليستْ بقِصَر: «بيضتان ضُربتا ببعضهما فوق صحن زجاجي شفاف، اختلط صفارهما وكانت حياة رغيدة يغار منها الزلال، ويحاول التغلغل فيها.»

هناك تفاصيل كثيرة، تضع زعتراً أخضر فوق الباستا وتتناسى الملحْ لكي لا يحرجكَ كمال صحن الباستا، وأنتَ على وشك أن تدعو من في الغرفة المجاورة أو من في الشقة التي تعلو رأسك لبدء الوليمة.

تأتيك رائحة تبغ ثقيلة، بطيئة ومحملة بالصبر. لا ترفع نظرك عن صحن الباستا إنما تتوقف عن التفكير فقط لتسمع الصوت يقول: «أنا منشغل بمراقبة بعض النمل، يخرج من خشب الكرسي ويذهب باتجاه الشجرة.»

الصمت هو الطبق الرئيسي إذاً، وليس الباستا. كيف تكتب عما سيحدث فيما بعد!

تشعرُ بحرارة الشمس تمرر يدها على سقف غرفتك المصنوع من مادة تشبه القرميد، ولكنّ لها لون الحديد، لربما كانت «توتيا» متحجرة من كثرة التمسيد.

تخيلْ لو أنك تمُرر يدك على رأسٍ من تحب من دون كلل أو ملل، كان سيهتزئ الرأس والحب أيضا، الهدوء والحرارة.

الشقة التي تعلو رأسك سافر أهلها وأخذوها معهم، وتركوا أرضيتهم سقفا لك. تركوا الغيمَ الذي كانوا يتسلون بعدِّه كل مساء، قبل أن يغادروا. قالوا: «إن أرادنا سيعرف كيف يلحق بنا». يقصدون الغيم.

غرفتكَ يجاورها مطبخ مكوّن من مغسلة تحته زجاجات ماء بلاستيكية، فوقه ما يشبه صندوق البريد فيه أكثر من نوع من البهارات، اضطررت لبيع الغرفة المجاورة لمشتر متجول مرَّ من فوق الشجرة المطلة على نافذتك، كان يلاحق النوارس المطلوبة من قبل البحر بكثرة.

عندما فتحتَ الباب المستلقي على الأرض، والمفضي إلى السلم الخشبي، لتنزلَ من الغرفة... لم تجدْ شيئا يتلوه.

مناسبةٌ الآن غرفتك التي لا تجاورها غرفة أخرى، ولا يعلو رأسك فيها سوى بعض الغيوم غير المعدودة منذ فترة، راحة كفِّ الشمس المثابرة وبعض النوارس الهاربة من بحر بعيد.

المناسب أكثر، أنكَ تستطيعُ أن تكسرَ الصمت وتتناول طبق الباستا من دون أن تقلقَ من فكرة جميلة، رشيقة وطرية، قد تعكر مزاج ذاكرتك فقط لأنكَ

فكرتَ بها منذ قليل. وبالنسبة لمن في الغرفة المجاورة أو في الشقة التي تعلو رأسك، فهو يدير ظهره لكل شيء بعد أن يخلقه.

لن يأتي.

تُعَدُّ النصوص الجديدة للشاعر السوري حمد عبود مثالاً ناصعًا على أن خوض تجربة الثورة والحرب والفرار يساهم في نثرنة النص الأدبي. درس حمد عبود، المولود في عام ١٩٨٧ في دير الزور، هندسة الاتصالات في حلب. وبعد اندلاع الثورة، صدرتْ مجموعته الشعرية الأولى «مطر الغيمة الأولى» عن دار أرواد، ثم اضطر إلى اللجوء إلى أوروبا بعد مروره بعدة دول عربية، حيث استقر به المقام في فيينا.

«أريد أن أقود دبابة» واحد من أروع النصوص المتاحة الآن بالألمانية، تطغى فيه الحرب على واقع الحياة اليومية وتسيطر على اللغة وتتحكم في الأفكار. تبدأ السطور الأولى هكذا: «لو أعرفُ كيف أقود دبابة/ لكنتُ استعرتُ واحدة من الأعداء، أو الأصدقاء/ الكل لديه دبابة سواي». ويزداد ما تكشفه هذه السطور من عبث تراجيدي كامن في الوضع السوري، لأنها تبدو وكأنها ترد على لسان طفل. ففي زمن الحرب تُكتسب القدرة على التقمص الوجداني، الصفة الأخلاقية المحمودة في حد ذاتها، عبر قيادة دبابة من أجل مشاهدة العالم كما يراه الجنود «من فتحة الباب المستطيلة»، هكذا يمكن تفهم وضعهم «لربما عذرتهم قبل أن تكفري بإلههم لتدمير كنيستك المفضلة». غير أن الله لا يُرى من فتحة الباب المستطيلة، ولا يوجد إلا عندما يهتف المحتضرون باسمه. ولا يتصدر الله أو الحياة مركز العالم الذي يتشكل في النثر الشعري، وإنما تتصدره الدبابة التي صارت ككلب يرافق الإنسان في كل حين.

يتمثل اللب الموضوعي للنصوص في مأساة الوضع السوري الناجمة عن فشل الثورة، وحرب النظام ضد شعبه، وعجز ما يُسمى بـ«المجتمع الدولي» عن الفعل. ويواجه الشاعر اليأس والإحباط بنظرة للعالم تتألف من أشواق متناقضة، وأفعال جنونية ورؤى مفزعة، وفكاهة سوداء من نوع خاص جدًّا. وفي أثناء قص الذات الساردة، التي تتحول أحيانًا إلى "نحن"، لحكايات يومية عن الحرب والمنفى والنجاة، تتقاطع مجالات حياتية لا علاقة لبعضها البعض في الأحوال العادية، ويصبح فيها الغروتسكي خاصة جوهرية ومتحكمة في الواقع.

ويصل الغروتسكي والعبثي والمتناقض إلى قمته في «الموت ومقاومته»، إذ لا يصبح الموت مجرد موضوع من موضوعات الحياة اليومية ويفقد تابوهيته في الأحاديث فحسب، وإنما يتحول مثله مثل أنماط السلوك الخاضعة لمعايير اجتماعية أو دينية إلى مادة لدليل إرشادي: دليل «إتيكيت» سوري مزود بكل ما يمكن أن نتخيل من قصص وآراء، يقدم نصائح تجنح إلى البطولة والإثارة حينًا، وتتعارض مع اللباقة السياسية بوضوح حينًا آخر. وفي هذه الإرشادات لا يمُتدح الخضوع إلى الأعراف الاجتماعية باستخدام صياغات دينية غير مناسبة للمقام فحسب، بل وتمُتدح أيضًا وصية من الوصايا «الغريبة»، ألا وهي الفردانية والبحث عن الخبرات الحدية، التي تحث الإنسان على الموت بطريقة فريدة ومبتكرة حتى يحقق ما يتوقعه المجتمع من أفراده. فتختلط أنماط التفكير والسلوك الشرق أوسطية والأوروبية في مزيج هجين من ظروف حياتية غروتسكية، تتطابق مع حياة عادية في «حرب غير عادية»، يبرع الكاتب في التعبير عنها بمفردات لغة الحياة اليومية، وتتميز بفكاهة سوداء لا يمكن

أن ينفصل فيها الضحك عن التراجيديا. وتفصح النصوص، بدرجة أكبر من الغروتسك والعبث، عن يأس عميق ينبع من شوق لا يزال غير قابل للارتواء لوطن قديم أو لوطن جديد ربما.

تتوافق كل من الطبيعة النثرية لهذه النصوص الأدبية، ذات الجماليات الخاصة والمقنعة جدًا، واللغة، التي تجنح إلى الملحمية حينًا وإلى العمق حينًا آخر، مع ما نشأ من متناقضات في سياق الحرب في سوريا في السنوات الأخيرة. فلم تفسد تجربة الحرب والفرار اللغة بشكل كبير، فهي لا تزال تؤدي على السطح وظيفتها كوسيلة اتصال، وإنما يوضح لنا عبود في صور وحكايات غير مألوفة، متتابعة تتابعًا يبدو مضطربًا ولكنه يتسم بالبراعة، من جهة، وفي مواضيع تتغير بوتيرة سريعة من جهة أخرى، كيف أفسدت تجربة الحرب والفرار الحياة الإنسانية، وكيف أن الأدب قادر على مواجهة الخرس والوجوم إزاء هذا الفساد بملاذات آمنة من أجل عالم أكثر إنسانية.

شتيفان ميليش
ترجمة محمود حسنين

جزيل الشكر

لكل من مؤسسة Casa nell'Arte وللكنيسة الكاثوليكية في مدينة لوتسيرن لدعمها الكريم في ترجمة هذا الكتاب وللصحفية والكاتبة ريناتا ميتزغر– برايتينفيلنر لمرافقتها واشرافها على مشروع الكتاب بكل مراحله.

حمد عبود: من مواليد ١٩٨٧ سوريا/دير الزور، نُشرتْ نصوصه الشعرية والأدبية في العديد من المجلات العربية منذ عام ٢٠٠٥ وصدرتْ مجموعته الشعرية الأولى عام ٢٠١٢ بعنوان «مطر الغيمة الأولى» عن دار أرواد للنشر/طرطوس. حاز في عام ٢٠١٥ على منحة «جان جاك روسّو» للكتابة الابداعية من أكاديمية شلوس سوليتود في ألمانيا/شتوتغارت.

لاريسا بندر: مواليد ١٩٥٨ ألمانيا/كولن درستْ في كل من كولن وبرلين العلوم الإسلامية والعلوم الأثنية بالإضافة إلى تخصصها في تاريخ الفن والسوسيولوجيا. تعيش الأن في كولن وهي تعمل كمترجمة مستقلة للأدب العربي وتشتغل في الصحافة في مجال الأدب العربي والمجالات السورية في كولن.

شتيفان ميليش: مواليد ١٩٧٥ ألمانيا/اوفينبورغ، درس في فدايبورغ وفي القاهرة كل من العلوم الإسلامية والآداب الألمانية وعلوم التربية. ترجم عددا كبيرا من الكتب الشعرية العربية إلى اللغة الألمانية.

تدقيق اللغة العربية: تمّام هنيدي

الترجمة من اللغة العربية إلى الألمانية: لاريسا بندر

كلمة ختامية: شتيفان ميليش

ترجمة من الألمانية إلى العربية: محمود حسنين، حمد عبود

لوحة الغلاف: إليانه هورليمان

تصميم داخلي: pudelundpinscher و حمد عبود

تنفيذ طباعي: Tipografia Stazione SA, Locarno

عمليات الثني والتجميع: Legatoria Mosca SA, Lugano

الترجمة من العربية إلى الألمانية تمت بدعم مشترك منSüdKulturFonds
و. LITPROM e.v

دار النشر مدعوم من المكتب الاتحادي للثقافة ٢٠١٦–٢٠١٨.
© 2017, Maritz & Gross, ed. pudelundpinscher, Wädenswil

طُبع في سويسرا

Arabisches Lektorat: Tammam Hunidy
Übersetzung ins Deutsche: Larissa Bender
Nachwort: Stephan Milich
Übersetzungen ins Arabische: Mahmoud Hassanein und
Hamed Abboud
Umschlagentwurf: Eliane Hürlimann
Layout, Satz und Herstellung: pudelundpinscher und
Hamed Abboud
Druck: Tipografia Stazione SA, Locarno
Bindearbeiten: Legatoria Mosca SA, Lugano

Die Übersetzung aus dem Arabischen wurde vom
SüdKulturFonds in Zusammenarbeit mit LITPROM e.V.
unterstützt.

Der Verlag pudelundpinscher wird vom Bundesamt für
Kultur mit einer Förderprämie für die Jahre 2016–2018
unterstützt.

Printed in Switzerland

Hamed Abboud wurde 1987 in Deir ez-Zor (Syrien) geboren. Öffentliche Leseveranstaltungen seit 2005 in Syrien, Ägypten und Deutschland, Österreich und der Schweiz. Regelmäßige Veröffentlichungen von Texten in zahlreichen Zeitungen und Zeitschriften in Syrien und im Mittleren Osten. Veröffentlichung des ersten Gedichtbands *Matar al-ghaima al-ula* (Der Regen der ersten Wolke) im Verlag Arward Publishers International Inc. (2012). Jean-Jacques-Rousseau-Stipendium der Akademie Schloss Solitude Stuttgart (2015).

Larissa Bender, geboren 1958 in Köln, studierte Islamwissenschaft, Ethnologie, Kunstgeschichte und Soziologie in Köln und Berlin. Sie lebt als freie Übersetzerin aus dem Arabischen und als Journalistin mit Schwerpunkt arabische Literatur und Syrien in Köln.

Stephan Milich, geboren 1975 in Offenburg, studierte in Freiburg i. B. und Kairo Islamwissenschaft, Germanistik und Erziehungswissenschaft. Zahlreiche Übersetzungen arabischer Lyrik ins Deutsche.

Der Verlag dankt Casa nell'Arte und der Katholischen Kirche Stadt Luzern für die großzügige Unterstützung und Renate Metzger-Breitenfellner für die wertvolle Begleitung dieses Buchprojektes.